버스를
탈
권리

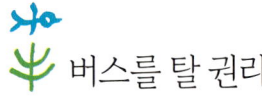 버스를 탈 권리

2판 1쇄 발행 2020년 3월 10일
2판 3쇄 발행 2022년 2월 15일

글 | 홍은전 강양구 김은식 강수돌 박현희
그림 | 장욱진
편집디자인 | 윤희정
종이 | 신승지류유통(주)
인쇄 제본 | 상지사 P&B
펴낸곳 | 도서출판 나무야
펴낸이 | 송주호
등록 | 제307-2012-29호(2012년 3월 21일)
주소 | (03424) 서울시 은평구 서오릉로 27길 3, 4층
전화 | 02-2038-0021
팩스 | 02-6969-5425
전자우편 | namuyaa_sjh@naver.com

ISBN 979-11-88717-15-6 73330

• 이 책의 모든 그림은 '재단법인 장욱진 미술문화재단'의 허가를 얻어 실었습니다.
• 이 책 내용의 전부 또는 일부를 재사용하려면 반드시 저작권자와
  도서출판 나무야 양측의 동의를 받아야 합니다.
• 책값은 뒤표지에 표시되어 있습니다.

행복한 나라는 누가 만들까?

버스를 탈 권리

홍은전 강양구 김은식 강수돌 박현희 글 | 장욱진 그림

Namuyaa Publisher

 책을 펴내며

우리도 행복한 나라를 만들 수 있을까?

우리도 그런 나라를 만들 수 있습니다.
우리도 행복할 수 있습니다.

세상에는 아주 많은 나라가 있고
어른들이 부러워하는 부자 나라가 아님에도 불구하고
국민이 행복한 나라는 얼마든지 있습니다.

힘없는 사람들의 작고 여린 목소리에도
저의 아픔이고 저의 기쁨인 듯
귀 기울이려고 노력하는 나라도 적지 않습니다.

그러니 여러분,
우리는 책을 읽어야 하고 때로는 여행도 해야 한답니다.
그래야 세상에 그런 나라가 어디에 있는지,
왜 그런 생각을 했고 어떻게 그 생각을 실천에 옮겼는지
알 수 있으니까요.

너희는 공부만 열심히 하면 된다고,
공부만 잘하면 된다고 다그치듯 말하는 목소리에도
물음표를 던질 수 있어야 합니다.

수학을 잘하는 것보다, 영어를 잘하는 것보다
친구에게 도움 주길 좋아하고 아픈 사람을 위할 줄 아는
여러분의 마음이 세상을 아름답게 하는 재능입니다.
별로 두드러져 보이지 않는 그 재능이
사실은 세상이 정말 원하는 능력이기도 하지요.

왜 우리나라에서는 '저상버스'가 이제야 다니기 시작했는지,
거기에 어떤 눈물이 스며 있는지 여러분은 알아야 합니다.
가진 돈에 따라 병원 치료가 달라지는
'이상한 나라의 이상한 실험'도 똑똑히 보아야 하고요.

우리 곁에 누군가 아파하는 이가 있다면,
우리는 가장 먼저 그에게 다가가 손을 잡아 주어야 합니다.
그게 시작입니다.
우리가 살아갈 행복한 나라는
아주 먼 데 있는 것이 아닌지도 모릅니다.

어미소 | 1973 | 캔버스에 유채 | 17 x 26 cm

"공부만 잘하면,
우리는 행복할까?"

차례

책을 펴내며 • 8

버스를 탈 권리
우리나라에서 처음 '저상버스'가 다니게 된 이야기 : 홍은전 • 12

내가 만난 톰 할아버지
가진 돈에 따라 치료가 달라지는 '이상한 실험' : 강양구 • 38

세계에서 가장 가난한 대통령
우루과이의 행복 대통령, '호세 무히카' 이야기 : 김은식 • 64

'누가 1등인지' 아무도 묻지 않고, '그게 무슨 말인지' 아무도 모르는
부탄, 히말라야 기슭 작은 나라의 '행복' 이야기 : 강수돌 • 88

두 마리 토끼를 잡는 방법
어떤 '일'과 '직업'이 나를 행복하게 할까? : 박현희 • 112

버스를 탈 권리

우리나라에서 처음 '저상버스'가 다니게 된 이야기

'이동권'이란 말, 들어 본 적 있나요?

 이동권은 말 그대로 '이동할 수 있는 권리'라는 뜻이에요. 건물 같은 곳에 아무런 불편함 없이 드나들 수 있고, 버스나 지하철 같은 교통수단을 자유롭게 이용할 수 있는 것, 그리고 안전하고 편리하게 거리를 돌아다닐 수 있는 권리를 말하죠. 아마 처음 들어 본 사람도 있을 거예요. '그런 것도 권리야?'라고 생각하는 사람도 있을 테고요.

 이동권이 사람들에게 알려진 지는 그리 오래되지 않았답니다. '이동권'이라는 단어가 처음 국어사전에 실린 것은 2003년 국립국어원 신어(새로 생긴 말) 자료집에서였어요. 바꾸어 말하면 그 이전에 이동권은 사전에도 없는 말이었다는 뜻입니다. 즉, 이동할 권리란 세상에 없는 권리였던 것이죠. 그렇다면 누가 이동권이라는 말을 만들고 그 중요성을 알렸을까요?

그들은 바로 이동권을 보장받지 못해 고통받던 사람들, 바로 장애인이었습니다.

비장애인에게 이동권은 마치 공기와 같은 것이었습니다. 공기 없이는 잠시도 살 수 없지만 아무도 그것을 달라고 말하지 않았죠. 왜냐하면 그럴 필요가 없었으니까요. 그들을 위한 길과 이동수단은 충분히 만들어졌습니다. 사람들은 빠르게 이동하기 위해서라면 산을 뚫어 터널을 내기도 하고, 강이나 바다 위에 다리를 놓기도 했죠. 그 위로 버스나 지하철, 택시를 타고 이동했습니다. 지하 깊은 곳으로 이동하기 위해 계단을 만들고, 고층 건물에는 엘리베이터를 설치하기도 했죠. 하지만 그 모든 것들을 만들 때 전혀 고려하지 않은 사람들이 있습니다. 바로 장애인입니다.

장애인, 특히 휠체어를 탄 중증장애인의 이동은 거의 불가능하거나 몹시 위험했습니다. 거리는 온통 턱으로 끊어져 있고, 건물은 계단으로 가로막혀 있었죠. 돈이 있어도 식당에 들어갈 수 없었고, 극장에 가서 영화를 볼 수도 없었어요. 아파도 병원에 갈 수 없었고, 볼일이 급해도 화장실을 갈 수 없었습니다. 아무리 기다려도 택시는 그들 앞에 서지 않았고, 버스는 아예 접근조차 할 수 없었습니다. 지하철에는 엘리베이터가 없어서 위험한 리프트를 타다가 떨어져 다치거나 목숨을 잃기도 했고요. 그러니 학교에 가서 교육을 받지도, 직장에 나가 돈을 벌 수도 없었습니다. 때문에 많은 장애인들이 평생토록 집 안에만 갇혀 지내거나 깊은 산 속의 장애인 시설에 수용되어 살다가 소리 없이 죽어 갔습니다.

하지만 이러한 현실에 맞선 사람들이 있었습니다. 평생을 비장애인과 분리되어 격리당한 채 살아야 했던 장애인들이 부당한 차별에 저항하며 일어선 것이었습니다. 그들이 처음 장애인의 이동권을 보장하라며 지하철 엘리베이터와 계단이 없는 저상버스를 요구했을 때, 당시의 공무원들은 그들이 말도 안 되는 주장을 한다며 코웃음 쳤습니다.

하지만 지금은 어떤가요? 대부분의 지하철역에 엘리베이터가 설치되어 있고, 거리를 달리고 있는 시내버스 중에서 저상버스를 찾는 것은 그리 어렵지 않습니다. 요즘이라면 오히려 그렇게 말하는 공무원이 손가락질 받을지도 모르겠네요.

그럼 이제부터 이 놀라운 변화가 어떻게 일어나게 되었는지 이야기해 볼게요. 그 모든 것은 14년 전 어느 작은 장애인학교의 학생들로부터 시작되었습니다.

낮에 나온 달

2001년 2월 6일 지하철 1호선 서울역. 조금 전 광장에서 집회를 마친 수십 명의 사람들이 플랫폼으로 속속 내려오고 있었습니다. 그들 가운데 절반은 휠체어를 타고 있었죠. 계단을 내려올 때마다 동료들은 휠체어를 탄 사람들을 힘껏 들어 올려야 했습니다. 일행의 마지막 사람까지 다 내려왔다는 신호가 전해졌습니다. 이윽고 열차가 들어와 문이 열렸습니다. 그러나 그들은 어찌된 일인지 긴장된 눈길만 주고받을 뿐 아무도 열차에 타지 않았습니다.

이윽고 열차의 문이 닫혔습니다. 천천히 움직이기 시작한 열차는 점점 속도를 내더니 이내 플랫폼을 빠져 나갔습니다. 그때였습니다. 갑자기 몇 명의 장애인이 다급하게 선로 아래로 내려가기 시작했습니다. 동료들의 도움을 받아 선로로 내려간 그들은 이렇게 외쳤습니다.

"더 이상 죽을 수 없다! 장애인의 이동권을 보장하라!"

이 행동은 2주 전에 일어난 사고에 대한 그들의 분노를 표현한 것이었습니다. 2001년 1월 22일, 지하철 4호선 오이도역에서 장애인용 리프트가 추락했습니다. 이 사고로 장애인 한 명이 숨지고 한 명이 크게 다쳤습니다. 그들은 명절을 맞이해 아들네 집에 가려던 노부부였습니다.

잠시 후, 다음 지하철이 도착한다는 신호음이 울려 퍼졌습니다. 지켜보던 이들의 심장은 세차게 벌렁거렸고, 누군가는 벌써 울음을 터뜨렸습니다. 하지만 여러분, 너무 걱정할 필요 없습니다. 사람들이 점거한 곳은 지하철이 늘 정차하는 곳보다 조금 앞선 지점이었기 때문에 누군가가 열차에 치일 염려는 없었습니다. 게다가 이런 사실을 미리 역무실에 전했기 때문에 다음 지하철의 기관사도 이 상황을 알고 있었죠.

곧이어 열차가 역사 안으로 진입했습니다. 열차는 경적을 울리며 들어와 선로 위에 버티고 있는 사람들 앞에 서서히 멈춰 섰습니다. 강렬한 헤드라이트 불빛이 어두운 선로에 드러누워 있는 그들을 비추었습니다. 그들은 너무나도 작고 연약해 보였습니다. 하지만 바로 그 점 때문에 그 순간 그들은 세상 어떤 거인보다도 더 커 보이기도 했습니다.

지켜보던 사람들은 안도하며 가슴을 쓸어내렸습니다. 그때부터는 플랫폼 위에 남아 있던 사람들 모두가 너도나도 선로 아래로 내려가기 시작했습니다.

곧바로 경찰들이 달려와 선로 아래에 있는 사람들을 체포하겠다고 위협했습니다. 그러자 한 사람이 이렇게 물었습니다.

"왜, 왜, 우, 우, 우, 리는, 이, 이, 이동할 수 없, 없, 어, 요? 우, 우, 우리는 삼십, 삼십 년, 이나 못, 못, 못 가고 있는데…… 왜, 왜, 우, 우, 우, 리만, 잡, 잡아, 가요?"

천천히, 그러나 힘겹게 말하는 그는 뇌성마비 장애인 장연대 씨였습니다. 그의 질문에 대답할 말을 찾지 못한 경찰은 난처함을 숨기기 위해 한층 더 단호하게 말했습니다.

"그건 저도 모르겠습니다. 하지만 이렇게 법을 어기시면 안 되죠. 법은 법이니까 체포하겠습니다."

경찰은 그 자리에서 32명을 체포했습니다. 경찰이 그들을 한 명씩 한 명씩 플랫폼 위로 끌어올리는 동안, 지하철 1호선은 30분 동안 운행을 멈추었습니다. 그리고…… 그날, 30년 동안 방구석에 갇혀 있던 장애인들의 분노와 절망도 세상 앞에 그 모습을 드러내었습니다. 그들은 마치 낯달 같은 존재들이었습니다. 늘 그곳에 있었지만 사람들

해·달·산·아이 | 1962 | 캔버스에 유채 | 45.5 x 27.3 cm

"낮달처럼 늘 거기 있었지만
아무도 그들을 보지 못했습니다."

은 그들이 그곳에 있는지 보지 못했습니다.

 연대 씨는 차가운 레일 위에 누워 자신이 멈춰 세운 지하철의 헤드라이트 불빛을 바라보았습니다. 그러자 지난 시절 서러웠던 기억들이 머릿속을 스쳐 지나갔습니다. 엄마 등에 업혀 찾아갔던 학교에서 입학을 거부당하고 돌아오던 길. 동생들이 모두 학교에 간 뒤 혼자 남았던 수많은 아침. 정규 방송이 끝났음을 알리는 텔레비전 소음으로 시작되었던 유년의 오후. 가족에게 짐이 되기 싫어서 스스로 들어간 시설에서 숨죽여 울었던 밤. 초대받지 못한 동생의 결혼식……. 연대 씨에게 삶은 고통스러운 것이었습니다. 그는 경찰에게 끌려가면서도 목 놓아 외쳤습니다.

 "장애인도 인간이다! 인간답게 살고 싶다!"

 이 사건은 2001년 이후 들불처럼 타올랐던 장애인 인권 운동의 신호탄이었습니다. 그 운동은 장애인의 삶을 크게 바꾸었을 뿐 아니라, 우리 사회를 보다 인간적인 모습으로 바꾼 저항의 시작이었습니다.

20년 동안 들은 이야기

그렇다면 이동할 수 없는 장애인들은 어떻게 살았을까요? 여러분에게 그 삶을 이야기하기 위해서는 연대 씨의 도움이 필요할 것 같습니다. 그의 이야기를 좀 더 해 볼게요.

연대 씨는 어렸을 때 하루 종일 방 안에 누워 천장만 보며 지냈습니다. 방 안 벽지에 그려진 무늬들을 다 외울 수도 있었죠. 몇 번째 무늬에 곰팡이가 피어 있는지도 다 알고 있었습니다. 빈 집에 오직 텔레비전과 라디오만이 연대 씨의 친구였습니다. 그는 그 시절에 대해 이렇게 말했어요.

"나는…… 개인 것 같았어요. 엄마는 나갈 때 나를 보고 '집 잘 봐라' 하시고, 들어오면 나한테 '집 잘 봤냐' 했어요. 이게 내가 20년 동안 들은 이야기였지요. 혼자서 집구석에만 내팽개쳐져 하루 종일 방바닥을 기어 다녔어요."

더 이상 그렇게 살기 싫었던 연대 씨는 스무 살이 되자 '희망의 집'에 들어갔어요. 그곳은 장애인들이 모여서 생활하는 곳이었습니다. 거기에 가면 친구도 생기고 혼자 지내는 것보다는 덜 심심할 것 같았어요. 하지만 그곳에는 연대 씨가 꿈꾸던 희망이 없었습니다.

"특별히 하는 일 없이 먹고 자고 싸는 일만 반복했어요. 식구들이 보고 싶어서 힘들었어요. 사는 게 아무런 의미가 없었죠. 결국 4년 만에 집으로 돌아왔어요. 곧 가족들이 나 때문에 다투기 시작했습니다. 눈치가 보였어요. 나는 다시 광주에 있는 '평화의 집'에 들어갔어요. 그곳 역시 매일 매일이 똑같고 지겨워서 다시 집으로 돌아왔습니다. 그 즈음 부모님이 하던 사업이 망해서 집안 형편이 어려워졌어요. 6개월 뒤 나는 다시 양평에 있는 '사랑의 집'으로 발길을 돌렸습니다. 2년 만에 다시 집으로 돌아왔을 때에는 내 나이 서른이었습니다."

이렇듯 많은 장애인들이 연대 씨처럼 스무 살이 넘어서야 겨우 첫 번째 외출을 했습니다. 첫 키스가 아니라 첫 외출이요. 감옥보다 더 심하지요? 그래서 사람들은 장애인의 삶을 '창살 없는 감옥'에 비유하기도 한답니다.

연대 씨는 서른 살이 넘어 그 감옥을 탈출하기로 마음먹

"많은 장애인들이
스무 살이 넘어서야
겨우 첫 번째 외출을 했습니다."

었습니다. 장애인 야학에 다니기로 한 것이죠. 야학은 학교를 다닐 수 없었던 장애인들이 밤에 모여 공부를 하는 학교였습니다. 그런데 이 학교에는 아주 큰 고민이 있었습니다. 바로 연대 씨와 같은 중증장애를 가진 학생들의 등하교 이동 문제였습니다. 작은 봉고차가 있었지만 자리가 늘 부족했어요. 연대 씨는 어쩔 수 없이 지하철을 타기 시작했습니다. 그것은 매우 힘든 일이었어요. 하루하루가 전쟁이었죠.

지하철역에는 엘리베이터가 없었습니다. 계단을 오르내리기 위해서는 지나가는 사람 4명을 모아서 휠체어를 들어 달라고 부탁해야 했습니다. 연대 씨의 전동휠체어는 아주 무거웠기 때문에 그것은 여간 눈치 보이는 일이 아니었습니다. 그러니 간혹 휠체어용 리프트가 설치된 계단이 있으면, 그것이 위험하다는 것을 잘 알면서도 연대 씨는 번번이 그 위에 몸을 실을 수밖에 없었습니다.

그러던 어느 날 연대 씨는 일생일대의 사건을 겪게 됩니다.

위대한 첫걸음

1999년 6월 28일 지하철 4호선 혜화역. 연대 씨는 친구를 만나고 돌아가던 길이었습니다. 지하 1층에서 지하 2층 승강장으로 내려가기 위해 두 번째 리프트에 올라타려던 중이었죠.

리프트 위의 공간이 좁아서 연대 씨는 조심스럽게 전동 휠체어를 운전했습니다. 그러던 중 '아차' 하는 순간 앞바퀴가 리프트 바깥으로 나가 버렸습니다. 안전판이 제 구실을 전혀 하지 못한 것이었죠.

"아악!"

순간 연대 씨의 입에서 외마디 비명이 터져 나왔습니다. 그는 휠체어와 함께 계단 아래로 곤두박질쳤습니다. 말로 다할 수 없는 통증이 온몸을 휘감았습니다. 정말이지 '내가 이렇게 죽나보다······.' 싶었지요.

다행히 연대 씨는 죽지 않았습니다. 곧바로 병원으로 후송된 연대 씨는 목과 머리에 큰 부상을 입고 3주 동안 치료를 받아야 했습니다.

　리프트가 얼마나 위험한지 잘 알고 있던 야학의 학생들은 지하철공사에 찾아가 항의했습니다. 확인해 본 결과, 리프트는 처음 설치된 뒤 한 번도 안전점검을 받지 않은 것이었습니다. 하지만 지하철공사는 자신들은 법을 어기지 않았다면서 책임이 없다고 했어요. 그리고 사고가 발생한 이유는 연대 씨가 전동휠체어를 잘못 운전해서라고 주장했죠.

　법을 어기지 않았다는 지하철공사의 말은 사실이기도 했어요. 왜냐하면 그들에겐 지켜야 할 법이 없었거든요. 리프트는 1988년 서울에서 장애인 올림픽이 열렸을 때 외국에서 온 손님들에게 보여주기 위해 급하게 설치한 것들이었어요. 얼마나 급했던지 리프트에 대한 안전 관리 규정조차 만들어 놓지 않았던 것입니다. 야학은 연대 씨와 함께 지하철공사를 상대로 손해배상소송을 제기했어요. 기나긴 법정 싸움에 들어간 것이죠.

　법정 공방이 오가는 사이 보란 듯이 또 사고가 터졌습

니다. 이번에도 야학의 학생이었어요. 그는 지하철 5호선을 타기 위해 천호역에서 리프트를 타려던 중이었죠. 다행히 추락하려던 그를 옆에 있던 공익요원이 붙잡아 주어서 크게 다치지 않았어요. 하지만 리프트 사고는 계단에서 백 킬로그램이 넘는 휠체어와 함께 굴러 떨어지는 것이기 때문에 자칫하면 목숨을 잃을 수도 있을 만큼 위험한 것이었습니다. 도처에 사고의 위험이 도사리고 있었어요. 하지만 잘못한 사람도, 책임질 사람도, 해결할 사람도 나서지 않았습니다.

이듬해 5월, 법원은 연대 씨의 손을 들어 주었습니다. 지하철공사에게 잘못이 있으니 연대 씨에게 보상금을 지급하라는 판결을 내린 것입니다. 이것은 장애인의 이동권을 보장받는 첫 번째 사례였습니다. 아무 잘못이 없다며 발뺌하던 지하철공사에게 그 책임을 물은 위대한 첫걸음이었죠. 혜화역은 그 뒤 우리나라에서 최초로 지하에서 지상으로 연결되는 엘리베이터를 양방향으로 설치했습니다. 성과는 그것만이 아니었어요. 더 중요한 건 연대 씨와 야학의 학생들이 이 경험을 통해 변하기 시작했다는 것이었습니다.

연대 씨는 이렇게 말했어요.

"우리는 그동안 억울하게 당하고도 늘 참아 왔어요. 하지만 이번에는 항의했고, 함께 싸우면서 문제를 해결해 나갔죠. 그래서 결국 이겼습니다. 그 경험은 우리에게 큰 깨달음을 주었습니다. 참지 않고 우리의 목소리를 내면 무언가를 바꿀 수 있다는 사실을 알게 되었습니다. 그 과정 속에서 나도 바뀌고 있었죠."

연대 씨와 그 동료들은 자신들의 승리가 끝이 아니라 시작이라고 생각했습니다. 재판에서 이긴 것만으로 달라지는 건 아무것도 없었으니까요. 다른 역의 리프트는 아직 그대로였고, 그것들이 그대로 운행하는 이상 사고는 계속 일어날 것이 분명했습니다. 바로 그때 오이도역에서 리프트가 추락해 사람이 죽은 것이었습니다. 다시 소송을 걸면 이길 수는 있겠죠. 하지만 이긴다고 해도 죽은 사람을 다시 살릴 수는 없는 일이었습니다.

사람들은 더 이상 참아서는 안 된다고 생각했습니다. 단지 이동하기 위해 다치고 죽어야 하는 현실을 이제는 바꿔야 한다고 말이죠. 아무것도 하지 않는다면 사고는 계속 일어날 게 불을 보듯 뻔했습니다. 다음 차례는 누가 될지 아무도 모를 일이었죠. 그래서 그들은 지하철을 세우기로 했던 것입니다. 억울한 죽음을 알리기 위해서요. 그것은 또 다른 죽음을 막기 위한 것이기도 했습니다.

담쟁이처럼

서울역 선로 점거 이후 장애인들의 저항은 계속되었습니다. 그들이 주로 쓴 방식은 버스를 타는 것이었습니다. '버스 타는 일이 뭐 그리 대수로운 일인가?'라고 생각할 수도 있겠지만, 휠체어를 탄 장애인이 버스를 타는 일은 그 자체로도 대단한 투쟁이었어요. '버스타기 운동'이라고 했던 이 행사는 장애인이 함께 모여 버스를 타고 목적지까지 이동한 뒤에 집회나 서명운동을 펼치는 것이었습니다.

휠체어를 탄 승객을 전혀 고려하지 않고 설계된 버스는 앞쪽 출입구가 좁고 계단이 무척 높았습니다. 장애인이 버스를 타기 위해서는 힘센 장정들이 휠체어를 앞뒤에서 잡고 높이 추켜올려야 했죠. 이렇다 보니 많은 장애인들이 한꺼번에 버스를 타고 내리게 되면 버스는 자연스럽게 멈추어 있거나, 운행 시간이 지연될 수밖에 없었습니다. 그것은 장애인을 배제한 채 빠르게 달려가는 우리 사회의 이기적인 속도에 대한 저항이기도 했어요.

사람들은 한 달에 한 번, 마지막 주 수요일에 모여 장애인의 이동권을 요구하는 다양한 행사를 열고 함께 버스를 탔습니다. 버스타기 운동은 2005년 1월까지 4년 동안 41차례나 계속되었죠. 이 행사를 하다 보면 '왜 아무 잘못 없는 시민들의 발목을 잡느냐?'라며 지나가던 사람들이 따가운 눈총을 보내기도 했습니다. 경찰은 시위대를 체포하여 벌금형에 처하거나 감옥에 가두기도 했고요. 그러나 장애인들은 지치지 않았습니다. 그들이 정말 지쳤던 것은 평생 좁은 방구석에 갇혀 무의미한 나날과 싸워야 하는 것이었으니까요.

2002년에 이들은 보건복지부 장관을 상대로 헌법소원을 제출했습니다. 국가가 장애인의 이동권을 보장하지 않았기 때문에 헌법이 보장한 권리인 '인간답게 살 권리'를 침해당했다는 것이었죠. 하지만 판사들은 그 권리를 인정하지 않았습니다. 그들은 여전히 장애인의 이동권은 국가의 책임이 아니라고 했어요. 그것은 장애인을 동등한 인간으로 보지 않는다는 뜻이기도 했습니다.

판사들이 말하는 법에 따르면, 장애인을 태우지 않는 버스는 합법이지만 버스를 타겠다는 장애인은 불법이었어요. 그러니 장애인을 배제하고 내달리는 전철은 보내 주고, 거북이처럼 느린 사람들을 잡아서 감옥에 가두었죠. 평생 '법'이라는 것을 몰랐으니 어길 것도 없었던 장애인의 삶은 더 이상 나빠질 것도 없었습니다. 아무리 소리 질러도 서지 않는 것을 붙들기 위해 사람들은 맨몸으로 지하철을 막았습니다. 그리고 탈 수 없는 버스를 기어이 타면서 저항을 멈추지 않았습니다.

그러나 책임져야 할 사람들은 나타나지 않았습니다. 언제나 경찰들만 달려와서 사람들을 체포하겠다고 위협했죠. 시위대는 쉽게 끌려가지 않기 위해 쇠사슬로 휠체어와 몸을 묶었습니다. 그리고 서로와 서로를 연결했죠. 그것은 이동할 수 없는 자신들의 삶을 표현하는 것이기도 했습니다. 평생토록 보이지 않는 사슬에 묶인 채 살아온 사람들이었으니까요. 힘이 세지도, 돈이 많지도 않은 그들이 가장 잘 하는 저항은 바로 이렇게 다 같이 버티는 것이었습니다.

한편으로는 기쁜 소식도 있었습니다. 포기하지 않고 저항하는 이들의 모습을 보고 많은 사람들이 함께 싸우기 위해 달려왔습니다. 장애인도 있었고, 비장애인도 있었죠. 함께하는 사람들의 수가 백 명이 되고 천 명이 되자, 사슬은 서서히 담쟁이가 되어 한 발 한 발 끈기 있게 차별의 벽을 타고 넘기 시작했습니다.

여럿이 함께

　마침내 2005년 1월, 이동권을 장애인이 당연히 보장받아야 할 인권으로 규정하는 '교통약자의 이동편의 증진법'이 제정되었습니다. 그 뒤 저상버스가 만들어지고 지하철역에는 엘리베이터가 의무적으로 설치되기 시작했죠. 비로소 전국의 수많은 중증장애인들을 위한 길과 이동수단이 마련된 것입니다.
　그 길을 따라 집 밖으로 나온 장애인들은 거기에만 만족하지 않았습니다. 그것은 끝이 아니라 또 다른 시작이었으니까요. 오랫동안 짓밟혀 왔던 자신들의 권리를 되찾기 위한 장애인의 외침은 봇물처럼 터져 나왔습니다. 교육받을 권리, 노동할 권리, 자립할 권리, 시설에서 살지 않을 권리를 얻기 위한 싸움들이 이어진 것이죠. 그리고 그 싸움들은 지금껏 이루지 못한 결실을 하나하나 만들어 냈습니다.

　권리란 이렇듯 원래부터 있는 것이 아니랍니다. 누구나

당연한 듯이 누리고 있지만, 사전이나 법전에 본래부터 적혀 있던 것이 아니에요. 똑똑한 사람들이 먼저 찾아서 힘없는 사람들에게 선물하는 것은 더더욱 아니랍니다. 권리란 차별받은 사람들이 그 자신의 힘으로 싸워서 만드는 것입니다. 그것을 장애인의 저항 운동만큼 잘 보여주는 것도 없지요. 그 증거가 바로 오늘 여러분이 쉽게 볼 수 있는 저상버스와 지하철 엘리베이터입니다.

누구나 살다 보면 자신보다 힘센 사람에게 억울하게 무시당하거나 차별받을 때가 올 수 있답니다. 그러니 여러분, 그럴 때는 연대 씨를 떠올려 보세요. 사람들은 그가 중증장애인이라서 아무것도 못할 거라고 생각했지만 사실은 어떠했나요?

그와 동료들은 어떤 힘 있는 사람들도 하지 못한 훌륭한 일을 해냈습니다. 여러분도 그런 일을 겪게 된다면 연대 씨가 그런 것처럼 참지 말고 저항하길 바랍니다. 혼자이면 조금 두려울 수 있어요. 하지만 여러분이 옳다면, 반드시 누

동산 | 1978 | 캔버스에 유채 | 33.4 x 24.2 cm

"연대는 서로의 손을 꼭 잡고
한덩어리로 굳게 뭉치는 것입니다."

군가 여러분의 이야기를 듣고 달려와 함께해 줄 것입니다.

반대로 누군가가 힘센 사람에 맞서 저항하고 있다면 그들의 목소리에 귀 기울여 보세요. 그리고 그들의 말이 옳다면, 가서 함께 외치고 손을 잡아 주세요. 그러면 그들도 더 힘을 낼 것입니다. 그것이 힘센 사람에게 맞서는 약한 사람들의 무기, 바로 '연대'입니다. 한 사람의 힘은 작고 약할지 모르지만, 여럿이 함께라면 연대 씨와 그의 동료들처럼 우리 사회를 보다 나은 곳으로 변화시킬 힘을 만들 수 있을 거예요.

• 이 이야기는 서울에 있는 '노들장애인야학' 사람들이 실제 겪었던 것입니다. 연대 씨(가명) 역시 이 학교에 실제 다녔던 학생이고요. 하지만 이 이야기는 연대 씨 한 사람만의 경험이기보다, 노들야학에 다녔던 모든 장애인들의 공통된 경험입니다. 그들이 오랫동안 지치지 않고 싸울 수 있었던 힘은 이렇게 걱정과 분노, 그리고 희망을 서로 공유했던 동료들이 있었기 때문이지요. 14년이 지난 지금까지도 연대 씨와 그 동료들은 열심히 장애인의 인권을 지키기 위한 활동을 다양하게 펼치고 있습니다.

내가 만난 톰 할아버지

가진 돈에 따라 치료가 달라지는 '이상한 실험'

　안녕하세요, 먼저 내 소개부터 할게요. 나는 기자이고, 이제껏 여러 언론사를 다니며 일해 왔습니다. 사회 문제들에 관심이 많아서, 그동안 우리 사회가 건강해지는 데 도움이 될 소식과 이야기를 취재해서 기사로 써 왔죠.

　그러다가 몇 해 전에는 회사를 쉬고 바다 건너 미국 남서쪽에 있는 캘리포니아에서 1년 동안 가족과 함께 지냈어요. 공부할 기회를 어렵게 얻었거든요. 지금부터 할 이야기는 우리 세 식구가 미국에 머물면서 직접 겪은 것입니다. 그 덕에 다치거나 아픈 사람을 어떻게 돌봐야 하는지 새삼 생각하게 되었죠.

사실, 처음 떠날 때만하더라도 걱정이 이만저만이 아니었어요. 나와 아내 둘 다 미국 같은 외국에서 오랫동안 지내 본 적이 전혀 없었으니까요. 게다가 우리는 태어난 지 18개월 된 아이 '준이'도 데려가야 했으니 걱정은 더 컸죠. 아이가 아프기라도 하면 큰일이잖아요? 미국에는 도움을 줄 가족이나 친구도 없을뿐더러, 온갖 낯선 것투성이일 테니까요.

도착하고 나서는 걱정이 한층 더 커졌어요. 중학교부터 고등학교까지 오랫동안 영어를 배웠는데도 이곳 사람들이 하는 말을 잘 알아듣지 못하겠더군요. 이곳 사람들도 내가 더듬더듬 하는 서툰 영어를 알아듣지 못하고요! 이런 상황에서 병원 갈 일이라도 생기면 정말 큰일 나겠다 싶더라고요.

그렇게 불안에 떨면서 미국 생활을 시작할 때 만난 친구가 바로 톰 할아버지입니다. 내가 1년 동안 빌린 아파트 옆에는 작은 도서관이 있었어요. 나는 시간이 나면 준이를 데리고 도서관에 놀러 가곤 했죠. 그런데 갈 때마다 아이들의 학교 숙제를 도와주는 인상 좋은 할아버지가 있더군요.
어느 날, 그 할아버지가 내게 말을 걸어왔어요.

"혹시 한국에서 왔소?"
"맞습니다. 어떻게 아셨어요?"
"한국이랑은 인연이 있어서 한국어를 조금 배웠다오. 댁이 아이한테 말하는 걸 듣고서 알았지."
"아, 네…… 그런데 어떤 인연인데요?"
"아버지가 한국 전쟁에 참전했었소. 그곳에서 돌아가셨지. 너무 어릴 때 일이라 아버지 얼굴은 사진 속의 모습만 기억한다오."

정말 대단한 인연이었죠. 서툴긴 하지만, 낯선 땅에서 우리말을 하는 외국인을 만난데다 그의 아버지가 한국 전쟁에 참전한 군인이었다니요! 그렇게 톰 할아버지와 나는 서툰 영어와 서툰 한국어로 만날 때마다 대화를 나누는 사이가 되었어요. 그는 중학교에서 문학을 가르치다가 3년 전에 정년퇴직한 전직 선생님이었죠.

"인연은 인연이네요. 한국에 계신 우리 아버지도 평생 교사로 일하다가 몇 년 전에 중학교에서 정년퇴직을 하셨거든요."

"허허, 내게도 아들이 있었으면 자네 또래였을 텐데…… 그런데 나는 자식이 없다오. 아내도 3년 전에 세상을 떠서 이제 나 혼자뿐이지."

이렇게 톰 할아버지는 미국에서 만난 나의 첫 번째 친구가 되었어요. 그런데 할아버지에게는 슬픈 비밀이 있었어요.

할아버지의 비밀

톰 할아버지를 만난 지 한 달 정도 지난 어느 날이었어요. 나는 아내와 함께 아이를 데리고 마트에 장을 보러 갔었죠. 그런데 차에서 내리자마자, 아내가 옆구리를 쿡쿡 찌르는 거예요.

"저기 저 사람, 혹시 톰 아냐?"

아니나 다를까, 주차장 저쪽에 톰 할아버지가 있는 거예요. 유난히 큰 키 때문에 멀리서도 알아볼 수 있었죠. 할아버지는 유니폼을 입고 주차장에 흩어져 있는 카트를 힘겹게 모으고 있었어요. 무슨 일인가 했죠. 평소에는 책을 읽거나 글을 쓰고, 한가하면 도서관에 나와서 아이들을 돕는 게 낙이라던 할아버지가 왜 저런 힘든 일을 하는지 궁금할 수밖에 없었죠.

그날 나는 할아버지에게 아는 체를 못 하고 궁금증만 가득 안고 집으로 돌아왔어요. 그러고 나서 며칠이 지났어요. 어느 늦은 밤, 나는 아이를 재우고 나서 산책이나 할까 하고 밖으로 나왔어요. 집 앞에 있는 공원을 따라 천천히 걷다 보니, 저쪽에 밤늦게까지 영업을 하는 편의점이 하나 있더군요. 군것질거리라도 살까 해서 들렀죠.

그런데 그 편의점 계산대에 또 다른 유니폼을 입은 톰

"도대체 톰 할아버지한테는
무슨 일이 있었던 걸까요?"

할아버지가 있었어요. 나는 아무 말도 못 하고 엉거주춤 서 있었죠. 할아버지도 내 얼굴을 보고는 놀란 표정이었고요. 나는 할아버지와 어색한 인사를 나누고는 과자 한 봉지를 사 들고 나왔어요. 머릿속이 이런저런 생각으로 복잡해졌죠.

'마트에서 일하시고 편의점에서도 밤늦게까지 일을 하시네. 평생 학교에서 선생님으로 일했으면 모아 놓은 돈도 있을 테고 또 연금도 나올 텐데…….'

도대체 톰 할아버지에게는 무슨 일이 있었던 걸까요?

며칠 뒤, 나는 마침내 할아버지의 사연을 듣게 됐어요. 도서관에서 다시 만난 톰 할아버지가 자신의 이야기를 들려줬거든요. 모든 궁금증이 한꺼번에 풀렸죠.

아까 톰 할아버지의 부인이 3년 전에 세상을 떠났다고 했죠? 할머니는 폐암에 걸려서 여러 해를 고생하다가 결국 할아버지만 남겨 두고 저 세상으로 떠났어요. 그런데 할아버지는 슬퍼할 겨를도 없었어요.

"몇 년 동안 할멈의 암을 치료하면서 병원비가 상상할 수 없을 정도로 불어났지. 집을 팔고, 평생 저축해 놓은 돈을 내놓았지만 도저히 감당할 수 없었어. 그래서 이렇게 아르바이트를 해서 남은 병원비를 다달이 갚고 있다네. 낮에는 주차장에서 카트를 모으고, 자네도 보았다시피 밤에는 편의점에서 일한다네. 아직도 몇 년은 더 해야만 해. 언제 끝이 날지……."

할아버지의 한숨이 깊어졌어요.

"나는 말이야…… 평생 작가가 되는 게 꿈이었다네. 아이들에게 문학을 가르치면서 그 꿈을 키워 왔지. 학교를 퇴직하고 나서는 온 힘을 다해 글을 쓸 생각이었어. 하지만 세상일은 뜻대로 안 되더구먼. 열심히 일하다가도 가끔은 화가 치밀곤 한다네. 자네에게 솔직히 털어놓지 못한 것도 그 때문이지."

할아버지의 어깨가 자그맣게 움츠러들었어요. 갑작스런 불행으로 꿈조차 잃어버린 할아버지의 모습은 너무나 가엾어 보였죠.

그런데 병원비가 얼마나 많이 나왔기에 학교 선생님으로 평생 일해 모은 돈으로도 부족했을까요? 그러고 보니 지난 몇 년 동안 미국에서 인기를 끌었던 텔레비전 드라마가 떠올랐어요. 제목은 〈브레이킹 배드(Breaking Bad)〉였죠.

공교롭게도 드라마의 주인공은 고등학교 화학 선생님이었어요. 어느 날 그는 자신이 폐암에 걸린 걸 알고 나서 말로 표현할 수 없는 절망에 빠지게 되죠. 도저히 감당할 수 없는 폐암 치료비, 그리고 자신이 죽고 나서 험한 세상에 던져질 가족 걱정으로 그는 잠을 이루지 못했어요. 그런데 절망에 빠진 그가 결국 어떤 선택을 하는 줄 아세요? 그건 바로, 자신이 아는 화학 지식으로 마약을 만들어서 팔기로 한 거였답니다. 미국의 병원비가 얼마나 끔찍하기에 평범한 학교 선생님을 마약 범죄자로 만든 걸까요?

병원비가 세계에서 가장 비싼 곳

톰 할아버지와 드라마 속 화학 선생님의 삶이 한순간에

나락으로 떨어진 것은 그 안에 미국 병원비의 진실이 숨어 있기 때문입니다. 그 까닭을 알려면 미국에서는 아픈 사람이 어떻게 치료받는지부터 알아야 하죠. 우리나라하고는 많이 다르거든요.

먼저 알아야 할 것이 있어요. 미국은 전 세계에서 병원비를 비롯한 의료비가 가장 비싼 곳이라는 사실이죠. 얼마나 비싸냐고요? 우리나라에서 아이가 아프면 동네 소아과로 데려갑니다. 소아과에서 아이를 한 번 진료하고 받는 돈은 약 13,500원 정도예요. 그럼 미국에서는 어떨까요?

우리가 무슨 일을 겪었는지, 예를 들어 볼게요. 미국으로 떠나기 전부터 마음을 졸이며 걱정하던 일이 터지는 바람에 나와 아내는 정말이지 식은땀깨나 흘렸답니다. 그것도 한두 번이 아니라 여러 번이나!

어느 날이었어요. 나는 아이의 팔을 잡고 빙빙 돌려주는 놀이를 하고 있었죠. 그런데 갑자기 아이가 엉엉 우는 거예요. 팔이 아프다는 시늉을 하기에, 혹시 팔이 빠진 건 아닌가 해서 급하게 근처 병원으로 데리고 갔죠. 의사는 이리저리 팔을 만져 보면서 엑스레이 사진도 찍었어요. 그렇게 30분 정도 난리법석을 떨고 나서 받아 든 병원비 청구서에는 무려 350달러가 적혀 있었어요. 우리 돈으로 약 35만 원이죠!

몇 달 뒤에는 이런 일도 있었어요. 아이가 거실에 놓인 작은 테이블에 장난감 자동차를 가지고 올라가는 걸 봤는데, 잠시 한눈을 판 사이에 '쿵' 하는 소리가 들리지 뭐예요. 미국의 아파트에는 대부분 카펫이 깔려 있어서 아이가 웬만한 높이에서 떨어져도 다칠 일이 없어요. 그런데 이번에는 뒤로 넘어지면서 하필이면 테이블 옆에 놓인 쇠로 만든 의자 받침에 머리를 박은 거예요.

아이는 금세 눈물을 그쳤지만, 왼쪽 뒤통수가 부어오르기 시작했습니다. 그때 아이의 눈물을 닦아 주던 아내가 갑자기,

"코피다!"

라고 외쳤어요. 정말 한쪽 코에서 피가 조금 나오더군요.

머리를 부딪쳤는데 코피까지 났으니 우리는 가슴이 덜컥 했죠.

마침 아이가 며칠 설사를 한 터라서 겸사겸사 다시 병원에 가기로 했어요. 이번에는 전에 갔던 병원이 아닌 다른 소아과를 찾았죠. 중년으로 보이는 여의사가 한 10분쯤 아이의 이곳저곳을 살피더니 이렇게 말하더군요.

"아무 문제없습니다."

정말 다행이었죠. 그런데 10분 동안 진료하고 청구 받은 병원비가 130달러였어요. 우리 돈으로 13만 원 정도가 나온 거죠. 우리나라 소아과에서 받는 돈 13,500원과 비교하면 거의 10배(13만 원), 25배(35만 원)가 비싼 미국의 병원비, 상상이 가세요?

아직도 실감이 안 나면 이런 예는 어떨까요? 우리나라에서 가장 흔한 외과 수술 가운데 하나가 맹장염 수술이죠. 우리나라에서 이 수술을 하고 병원이 청구하는 돈은 약 150~200만 원 정도라고 해요. 그런데 같은 수술인데도 미국의 병원비는 상상을 초월합니다. 미국의 어느 대학 연구 팀이 2009년에 맹장 수술을 받은 성인 19,368명의 병원비를 알아봤더니, 평균 33,611달러였대요. 우리 돈으로는 약 3,300만 원이었다는 거죠. 자그마치 192,955달러, 2억 원 가깝게 청구된 경우도 있다고 하니 오싹해질 수밖에요.

전 국민 의료보험이 없는 나라

이뿐만이 아니에요. 우리나라 소아과에서 청구하는 진료비 13,500원에서 정작 내가 병원에 내는 돈은 4,000원 정도예요. 그건 맹장 수술도 마찬가지입니다. 맹장 수술을 하고 병원이 청구하는 돈에서 환자가 직접 내는 돈은 그 4분의 1인 40~50만 원 정도예요.

이렇게 놀라운 일이 가능한 것은 바로 '국민건강보험' 때문입니다. 우리나라에서는 거의 대부분의 국민이 국민건강보험에 가입되어 있어요. 그래서 매달 자기 형편에 따라서 국민건강보험료를 내고 있습니다. 이렇게 전 국민이 십시일반 모은 돈으로 아픈 사람 병원비의 전부 또는 일부를 보장해 주는 제도인 거죠. 그러니까 우리가 소아과에 진료비로 내야 할 돈에서 9,500원을, 맹장 수술을 받은 환자가 병원에 내야 할 돈에서 120~160만 원 정도를 국민건강보험이 대신 내 준 것입니다. 그러니 만약 톰 할아버지의 부인이 우리나라 사람이었다면 어땠을까요? 폐암을 치료하면서 나온 병원비의 상당 부분을 국민건강보험에서 책임졌겠죠.

그러나 불행하게도 미국에는 그런 제도가 없습니다. 톰 할아버지의 슬픈 사연도 그래서 생긴 거였죠. 미국은 우리나라처럼 전 국민이 가입되어 있는 국민건강보험 같은 것이 없어요. 대신에 평소 보험료를 낸 '고객'이 병원에 가면 그동안 낸 보험료만큼 병원비를 지원해 주는 보험회사가 있습니다. 미국 시민은 저마다 자기 형편에 맞는 보험회사의 의료보험을 가지고 있는 거죠.

자기 형편에 맞는 의료보험이라니, 그게 무슨 말인가 싶을 거예요.

이런 식입니다. 만약에 톰 할아버지가 '아이폰'을 만드는, 애플 같은 대기업 직원이었다면 아마 부인의 병원비는 아무런 문제가 안 되었을 거예요. 그런 대기업은 월급에 더해서 자기 회사 직원이 비싼 의료보험을 가지도록 지원하고 있거든요. 비싼 보험료를 내고 있는 만큼 폐암 같은 큰 병에 걸려도 보험회사는 군말 없이 병원비를 내도록 되어 있는 거죠.

물론 톰 할아버지도 자신이나 가족이 아플 때를 대비해서 매달 수입의 일부를 보험료로 내 왔습니다. 그래서 할아버지나 할머니가 감기에 걸렸을 때나 가벼운 교통사고를 당했을 때도 병원비의 일부를 보험회사로부터 지원받을 수 있었죠.

그런데 톰 할아버지 같은 공립학교 교사가 가입한 의료보험은 폐암과 같은 큰 병에는 쓸모가 없었어요. 왜냐하면 우리 돈으로 수억 원이 드는 병까지 보장받기에는 보험료가 너무 쌌던 것이죠. 만약 부인이 큰 병에 걸리지 않았다면, 톰 할아버지는 자신의 의료보험이 얼마나 형편없는 것인지도 알지 못했을 것입니다. 하지만 그걸 깨달았을 때는 이미 병원비로 모든 것을 잃고 난 뒤였죠.

　더 놀라운 사실이 있어요. 미국 시민 중에는 보험료를 낼 형편이 안되어서 의료보험이 아예 없는 사람이 전 국민의 약 6분의 1, 어림잡아 5,300만 명이나 된답니다. 그러니까 우리나라 인구보다 많은 숫자의 미국인이 아무런 안전장치도 없이 오직 아프지 않기만을 바라면서 살고 있다는 거죠.

　그러다 보니 끔찍한 일도 적지 않게 보게 되죠. 예를 들어 미국의 편의점을 가면 찢어진 상처를 꿰매는 도구를 비롯한 온갖 응급 처치 도구가 있어요. 이게 무슨 뜻일까요? 의료보험이 없는 미국 사람들은 상처가 나도 병원을 찾지 못하고 자신이나 가족이 상처를 직접 꿰매는 것이죠.

　잘 믿기지 않는다고요? 이 같은 미국의 현실을 담은 다큐멘터리 〈식코(Sicko)〉에는 이런 일화가 나와요. 사고로 손가락을 두 개 잃은 목수가 있는데, 빨리 수술을 받으면 두 손가락을 다 살릴 수 있는 상황입니다. 하지만 의료보험이 없는 그에겐 손가락 두 개를 모두 붙일 병원비가 없었죠. 결국 그는 두 손가락 중 어떤 것을 살릴지 선택해야 했죠!

게다가 미국에서는 앰뷸런스를 부르기만 해도 돈이 듭니다. 가족이 아파서 우리나라의 '119'와 같은 '911'을 눌러 앰뷸런스를 부르면, 한 번에 600~700달러에 이르는 요금이 나오는 거죠. 심지어 그 앰뷸런스는 가는 거리가 멀수록 요금도 비싸집니다. 마치 우리나라의 택시처럼 말이죠.

이상한 실험

이제 조금 알겠죠? 이렇듯 미국은 다른 나라에서는 하지 못할 실험을 전 국민을 대상으로 이제껏 해 오고 있는 것입니다. 다치거나 아픈 사람을, 가진 돈에 따라 다르게 치료하는 이상한 실험이죠. 미국 사람들은 자신의 은행 통

까치와 나무 | 1986 | 캔버스에 유채 | 33.4 x 24.2 cm

"새와 나무도, 소와 강아지도
그러면 안 된다고, 그러지 말라고
고개를 저을 것 같습니다."

장에 얼마가 있느냐에 따라, 그리고 일터에서 돈을 얼마나 버느냐에 따라 받을 수 있는 의료 서비스의 질이 다릅니다.

그런데 참 알 수 없는 일입니다. 대부분의 미국인은 이런 현실을 당연한 것으로 여겨 왔거든요. 병원비가 없어서 손가락 두 개 가운데 하나를 포기할 때도, 어린 딸의 몸에 흉터가 남을 것을 각오하고서 직접 상처를 꿰맬 때도, 사랑하는 아내를 병으로 잃은 것도 모자라 평생 모은 재산을 병원비로 날릴 때까지도 이렇게 되뇌었던 거죠.

"다 내 탓이야. 내가 모자란 탓에…… 돈을 못 벌어서……."

하지만 정말 그럴까요? 여러분도 한번 생각해 보세요.
교사가 되어서 열심히 아이들을 가르치며 살아온 톰 할아버지가 아내의 병원비 때문에 꿈조차 잃고 사는 일이 과연 할아버지의 책임이기만 할까요? 사람의 목숨이 달린 의료 서비스를 돈이 많고 적음에 따라서, 다니는 회사가 대기업이냐 중소기업이냐에 따라서 차별받는다는 게 과연 옳은 일일까요?

화가 나서 따져 묻는 내게 톰 할아버지는 이렇게 말했습니다.

"한 가지 확실한 건…… 내가 불행하다는 사실이지."

아픈 사람 모두를 위하여

다행스럽게도 미국 사회는 지금 변화의 갈림길에 서 있습니다. 미국의 버락 오바마 대통령이 이런 현실을 바꿔야 한다며 2014년부터 의료 제도 개혁에 나서고 있거든요. 오바마 정부는 많은 반대를 무릅쓰고 모든 국민이 의료보험을 갖도록 노력하는 중입니다. 값이 싸든 비싸든, 미국 시민이라면 누구나 의료보험에 가입하도록 해서 최소한의 의료 서비스를 받도록 하자는 것이죠.

의료보험이 없어서 아파도 병원 갈 생각조차 못하던 5,300만 명에게는 분명 기쁜 소식입니다. 하지만 오바마 대통령의 그런 노력이 성공할지는 아직 몰라요. 값비싼 병원비와 보험료로 이득을 보는 사람들이 강하게 반대하는 데다가 어떤 사람들은 보험료가 오르는 것만으로도 잔뜩 싫은 표정을 하고 있거든요. 게다가 그런 조치만으로는 톰 할아버지의 비극이 되풀이되는 것을 곧장 막지도 못하겠죠. 여전히 값싼 의료보험밖에 없는 사람이라면 이번에도 비슷한 고통을 겪을 테니까요.

앞에서 얘기했듯이, 다행히 우리나라는 미국과 달리 국민 대다수가 국민건강보험에 가입되어 있습니다. 적어도 톰 할아버지와 같은 경우를 우리나라에서 찾아보기는 쉽지 않죠. 게다가 지난 20년 동안 국민건강보험의 재정도 많이 튼튼해졌죠. 마땅히 받아야 할 의료 혜택을 받지 못해서 고통받는 사람들이 아직 많지만, 그래도 우리나라의 국민건강보험은 아파서 치료가 필요한 사람들에게 든든한 버팀목 구실을 하고 있음에 틀림없습니다. 미국과 비교하면 의료비 수준도 아직은 높은 편이 아니고요. 그러니 왜 가난한 사람들이 더 아플 수밖에 없는지 관심을 가지고 국민건강보험이 지금보다 더 많은 병원비를 보장해 줄 수만 있게 되면, 누구나 돈과 관계없이 자신의 생명과 건강을 지킬 수 있겠죠.

그런데 언제부터인가 심상치 않은 일이 벌어지고 있습니다. 우리나라의 의료 제도를 미국처럼 바꿔야 한다는 사람들이 목소리를 높이고 있거든요. 그들은 비싼 의료보험에 들거나 돈을 더 내는 사람에게는 더 좋은 의료 서비스가 필요하다고 말하고 있죠. 그렇다면 정말 이상한 일 아닌가요? 정작 미국은 우리나라의 좋은 점을 배우려고 안간힘을 쓰는데, 우리나라의 몇몇 사람들은 바로 그런 미국을 따르자고 하고 있으니까요.

그들은 또 이런 말도 하고 있습니다. 우리도 미국처럼 되면 의료 현장에서 좀 더 많은 돈이 오가고, 그러면 경제에도 큰 도움이 된다고 말이죠. 당연하죠. 병원의 진료비와 치료비가 오르고, 돈 많은 사람들이 국민건강보험 대신 비싼 의료보험을 따로 구입하면 더 많은 돈이 돌고 또 돌겠죠. 그리고 이렇게 돈이 돌면 겉보기에는 경제가 성장하는 것처럼 보이기도 하겠죠.

하지만 그 속은 어떨까요? 비싼 병원비 때문에 남몰래 눈물을 훔치는 더 많은 톰 할아버지가 곳곳에서 생겨나지 않을까요? 그렇다면 다른 사람이 아닌 우리 할아버지, 할머니, 아버지, 어머니가 톰 할아버지 같은 슬픈 사연의 주인공이 될지도 모르는 것입니다. 왜냐고요? 지금의 미국 의료 제도는 아픈 사람 모두가 아니라 선택 받은 소수를 위한 것이기 때문이죠.

톰 할아버지의 꿈

나를 보며 말하는 할아버지의 눈시울이 촉촉해졌어요.
"언젠가 얘기했지…… 나는 어릴 적부터 작가가 되는 게 꿈이었다네. 어머니가 일하러 나가면, 나는 집에 혼자 남아 책을 읽고 글을 썼지. 그동안에도 틈틈이 써 오긴 했지만, 아직 세상에 발표하지는 못했지. 학교를 은퇴하면

가로수 | 1978 | 캔버스에 유채 | 30 x 40 cm

"언제쯤이면
누구나, 돈과 관계없이
자신의 생명과 건강을
지킬 수 있을까요?"

그동안 저축해 놓은 돈으로 아내와 함께 세계 곳곳을 여행하고, 내 이름이 박힌 멋진 책도 꼭 내고 싶었어. 그래…… 아버지가 돌아가신 한국에도 꼭 한 번은 가 보고 싶었고 말이야."

어쩌면 톰 할아버지는 세상을 뜰 때까지 그 꿈을 못 이룰지 모릅니다. 미국을 떠나기 전 마지막으로 본 톰 할아버지의 모습은 유난히 슬퍼 보였어요. 그날도 톰 할아버지는 구부정해진 허리를 펴지 못하고 마트 주차장에서 힘겹게 카트를 정리하고 있었습니다.

도대체 누가 톰 할아버지의 잃어버린 꿈을 되찾아줄 수 있을까요?

세계에서 가장 가난한 대통령

우루과이의 행복 대통령, '호세 무히카' 이야기

"넌 꿈이 뭐니?"

어른들이 가끔 이렇게 물을 때가 있죠? 그럴 때면 뭐라고 대답하나요?

"대통령이요!"

라고 씩씩한 목소리로 대답하는 친구들이 요즘에도 있을까요?

내가 어릴 적, 그러니까 초등학교에 다닐 때는 장래희망이 뭐냐고 선생님이나 어른들이 물으면 대통령이라고 말하는 아이들이 꽤 많았어요. 과학자나 군인, 의사, 선생님, 외교관, 연예인이라고 한 친구도 있었지만, 그래도 남자 아이들은 대부분 대통령이라고 그랬죠.

그러면 어른들은 또 이렇게 묻곤 했어요.

"대통령이 어떤 사람인지 알기나 하고?"

그럴 때마다 친구들은,

"우리나라에서 제일 높은 사람이요! 최고로요!"

라고 자신 있게 대답하곤 했죠.

그건 나도 마찬가지였어요. 선생님보다도, 사장님보다도, 장군보다도, 장관이나 국회의원보다도 높은 사람이 대통령이잖아요. 그래서 대통령이라면 모든 일을 마음대로 결정하고, 갖고 싶은 것도 다 가질 수 있을 것 같았어요. 내가 만약 대통령이 되면 숙제나 시험처럼 골치 아픈 것들은 다 없애 버리고, 맛있는 과자나 멋진 장난감 같은 것들은 아이들에게 공짜로 막 나눠주게 하고 싶었죠. 군대에 명령을 내려서 주변의 얄미운 나라들을 혼내주는 상상을 하면서 혼자 빙글빙글 웃기도 한 것 같아요.

물론 대통령이라고 해서 모든 일을 맘대로 할 수 있는

건 아니죠. 옛날에는 왕의 말 한 마디가 곧 법이 되는 시대도 있었지만, 지금은 대통령을 비롯한 그 누구도 법 앞에서 평등한 한 사람의 국민일 뿐이니까요.

하지만 대통령은 한 나라를 대표하는 사람임에는 틀림없어요. 때로는 그 나라의 국민을 대신해서 중요한 결정을 내린다는 점에서 아주 특별한 사람이기도 하죠. 그러고 보면 그 나라에서 가장 높고, 가장 중요하고, 가장 힘이 센 사람이라고 할 수도 있을 거예요. 그래서일까요? 어느 나라에서든 대통령은 보통 사람보다 많은 월급과 좋은 대우를 받고, 아무나 가까이 갈 수 없는 특별한 곳에서 엄한 경호를 받으며 살고 있죠.

그런데요, 저녁마다 동네 길을 산책하면서 사람들과 어울리는 대통령이 있다면 어떨까요? 또 주말에는 직접 흙투성이가 되어 농사를 짓고, 누구도 거들떠보지 않을 낡은 차를 직접 몰고 다니면서 출퇴근하는 대통령을 만나게 된다면 어떤 기분일까요? 좀 이상하다는 생각이 들지 않을

앞뜰 | 1969 | 캔버스에 유채 | 37 x 44 cm

"저녁마다 동네 길을 산책하면서
사람들과 어울리는 대통령이 있다니……
그게 정말일까?"

까요?

나도 좀 놀라긴 했는데요, 그런 대통령이 정말 있어요. 누구냐고요? 2010년부터 2015년까지 우루과이의 대통령이었던 '호세 무히카'라는 분이에요. 사진을 보면, 머리칼이 하얗고 어떤 만화영화에서 한 번쯤 본 것처럼 친근해 보이는 할아버지랍니다.

작지만 아름다운 곳

태평양 건너 지구 반대편, 그러니까 우리나라와 가장 먼 곳에 있는 것이 남아메리카 대륙이에요. 그 남아메리카 대륙 아래쪽에 우루과이라는 나라가 있는데, 우리나라보다 약간 작은 땅에서 300만 명 정도가 살고 있죠. 줄기차게 독립운동을 벌인 끝에 스페인의 식민 지배에서 벗어났다는 점은 우리와도 비슷해요. 국민들은 대부분 농사를 짓거나 양털과 가죽을 생산하고 있고, 그래서 1인당 국민소득은 우리나라의 절반 정도라고 해요.

그렇다고 무시하거나 괜히 동정할 필요는 없어요. 부자는 많지 않지만 반대로 가난한 사람도 많지 않거든요. 게다가 복지 제도가 아주 잘 돼 있는 편이어서 나이 든 사람이든 젊은 사람이든 미래에 대한 걱정도 별로 크지 않답니다. 나랏일 하는 사람들도 그런대로 정직한 편이래요. 독일에 있는 '국제투명성기구'에서 해마다 정부 기관 청렴성 순위를 매기고 있는데, 우루과이는 2014년에 전체 174개 나라 가운데 21번째였다고 해요. 우리나라는 43번째였고 말이죠.

그리고 공부하고 싶은 학생들에게는 대학 졸업 때까지 돈을 받지 않고 가르쳐 주기 때문에 국민들의 교육 수준도 아주 높다고 해요. 세계가 알아 줄 만큼 공해가 적은데다가 자연 환경이 깨끗하고 아름답다는 점도 우루과이의 커다란 자랑거리 가운데 하나죠. 전 세계 여러 나라에서 해마다 5천 명 가까운 사람들이 우루과이 정부에 이민을 신청하고 있다니, 이만하면 누구나 살고 싶어 하는 나라로 꼽을 만하지 않을까요?

호세 무히카는 2010년 3월부터 2015년 3월까지 5년 동안 그 나라의 대통령을 지냈어요. 대통령 자리에서 물러난 2015년 봄에는 여든 살이 되었는데, 대통령이라는 높은 자리에서 내려와 한 사람의 시민으로 돌아가는 그에게 우루과이 사람들은 큰 박수를 보냈답니다.

자, 그럼 이제부터 무히카 할아버지가 어떤 사람이었는지, 어떤 생각과 믿음으로 사람들을 대하고 일을 했는지, 그는 어떻게 우루과이 사람들에게 특별한 대통령으로 남았는지 한번 볼까요?

예? 뭐라고 하셨죠?

"나는 대통령 궁으로 들어가지 않겠습니다."
"……."

그 말을 듣고 사람들은 죄다 할 말을 잃었어요. 지난 2010년, 무히카는 대통령에 당선되자 그렇게 선언했죠.

대부분의 나라들처럼 우루과이에서도 이전의 대통령들

은 대통령 궁에서 살았어요. 미국의 백악관이나 우리나라의 청와대처럼 우루과이의 대통령 궁도 보통 사람들의 집하고는 비교할 수 없을 만큼 넓고 호화롭고 안전하게 꾸며져 있죠. 수십 명에 이르는 공무원들이 요리며 청소 같은 온갖 집안일을 돕고 있고, 무기를 든 경호원들은 혹시 모를 일에 대비해서 물샐 틈 없이 지키는 곳이기도 하죠. 그래서 대통령 궁에 들어가면 좀 더 안전하고 편하게 지내면서 일할 수 있는 거예요.

하지만 무히카는 전부터 살아온 시골집에 그대로 살기로 했어요. 경호원도 단 2명이면 충분하다면서 나머지는 국민을 돌보는 곳으로 모두 돌려보냈죠. 그뿐만이 아니에요. 1년에 한두 번쯤 휴가를 보내라고 나라에서 마련해 준 대통령 별장은 아예 없애 버렸어요. 처음에는 내전을 피해 탈출한 시리아 난민들이 머물 수 있게 내주었는데, 얼마 뒤에는 그마저 팔아서 집 없는 국민들에게 싼 값으로 집을 지어 주는 데 보태도록 했답니다.

그런 대통령을 보면서 우루과이 사람들은 무슨 생각을

했을까요?

  물론 시민들은 가난한 사람을 위할 줄 아는 대통령을 응원하고 지지했어요. 어떤 사람들은 너무 놀란 나머지 여전히 아무 말도 못했죠. 그러나 어떤 사람들은 무슨 속임수나 꿍꿍이가 있을지 모른다며 의심하는 눈초리로 보기도 했어요.

  얼마 뒤, 사람들은 또 한 번 눈이 휘둥그레졌어요. 대통령이 되어 일하러 가고 있는 무히카를 두 눈으로 똑똑히 바라보면서 말이죠. 그게 무슨 말이냐고요?

  무히카는 직접 차를 몰고 출근한 뒤에 다시 그 차를 몰고 집으로 돌아왔어요. 그는 30년 전에 산 낡은 승용차를 한 대 가지고 있었는데, 대통령이 된 뒤에도 경호원이 운전하는 고급차 대신 그 소형차를 직접 운전하고 다녔던 거예요. 심지어 대통령에 당선된 뒤 처음으로 국회 연설을 하던 날에는 자동차도 아닌 스쿠터를 타고 의사당에 나타나서 의원과 기자들을 깜짝 놀라게 하기도 했죠.

그런 까닭에 무히카가 사는 동네에서는 길을 가다가 대통령의 낡은 승용차를 얻어 타 본 사람들도 흔히 만날 수 있답니다. 낡은 소형차를 직접 몰거나 오토바이를 타고 대통령 궁과 국회의사당으로 일하러 가는 대통령이라니, 그러다가 길에서 만난 사람들을 태워주기도 한다니, 상상만 해도 신기하지 않나요?

사실, 그 동네 사람들에게 대통령 무히카를 길거리에서 본다는 건 이제 그리 놀랄 일도 아니에요. 무히카는 대통령이 되기 전부터 쉬는 날이면 늘 트랙터를 몰고 밭을 일구며 농사를 지었고, 바쁜 일이 없는 저녁이면 날마다 동네 길을 산책했거든요. 산책은 한 쪽 다리를 못 쓰는 애완견 '마누엘라'와 늘 함께였기 때문에 아주 천천히 걸을 수밖에 없었어요. 그러다 보니 동네 사람들을 더 자주 만나곤 했다죠 아마.

어른들도 그랬지만, 아마도 아이들이 더 재밌어 하지 않았을까요? 휴일 낮에 할아버지네 밭에 가거나 저녁 무렵에 동네에서 놀다 보면, 허름한 작업복 차림에 흙먼지를 뒤집어쓴 대통령 할아버지를 볼 수 있으니 말이에요.

무히카의 130만 원

그런데 대통령은 월급이 얼마나 될까요?

앞에서도 말했듯이 대통령은 한 나라를 대표하고 국민을 대신해서 중요한 결정을 내리는 사람이에요. 어떤 결정을 하느냐에 따라 나라의 운명이 바뀔 수도 있으니 분명 중요하고도 어려운 일이겠죠. 그래서 대통령은 월급도 보통 사람들보다는 훨씬 많이 받을 거예요. 물론 나라마다 다르기도 하겠지만 말이죠. 우루과이 대통령은 우리 돈으로 약 1,300만 원을 받는다고 해요. 한 나라의 대통령이라고 해도 적지 않은 돈이죠. 그럼 무히카 대통령은 매달 그렇게 많은 돈을 벌면서 겉으로만 검소한 척하고 있는 걸까요?

물론 그건 아니랍니다. 나도 처음에는 그게 정말인가 했는데, 무히카는 자신이 받는 월급 가운데 약 10%만 생활비로 쓰고 나머지는 모두 기부해 왔다고 해요. 특히 가난

소와 나무 | 1978 | 캔버스에 유채 | 33.4 x 24.2 cm

"대통령도 국민의 한 사람일 뿐입니다.
그렇게 사는 게 나는 행복합니다."

한 서민들에게 집을 지어 주는 사업에 보태도록 했답니다. 그러니까 우리 돈으로 130만 원 정도만 자신과 가족을 위해 쓰고 나머지 1,170만 원은 남을 위해 썼다는 얘기죠.

언젠가 어느 기자가 그에게 물었어요.

"왜 130만 원입니까? 그 숫자에 무슨 의미가 있는지 말씀해 주실 수 있습니까?"

무히카는 망설이다가 이렇게 대답했어요.

"대부분의 시민들이 그 정도 돈으로 살고 있으니까요."

그가 다시 말했어요.

"그래서 나도 그래야 한다고 생각합니다. 나라고 해서 특별한 사람은 아니니까요."

사람들은 그가 무슨 말을 더 할지 기다리고 있었어요. 하지만 무히카의 입에서 나온 말은 단 한 마디뿐이었어요.

"그렇게 사는 게…… 나는 행복합니다."

무히카는 그런 사람이었어요. 대통령은 국민 위에 군림하는 왕이 아니라 국민의 대표일 뿐이니까, 국민이 낸 세금으로 호화로운 생활을 한다는 건 옳지 않다는 거죠. 왜 130만 원이냐고 묻는 말에, 대부분의 시민이 그렇게 살기 때문이라고 한 까닭도 바로 그거였어요. 보통 사람들이 살고 있는 수준으로 살아야 그게 도리인 것 같다고, 그렇게 사는 게 훨씬 좋고 편하다고 말이죠.

그런 마음이다 보니 무히카 대통령 부부는 재산도 다른 사람들에 비해 많지 않아요. 우리 돈으로 따지면 2억 3천만 원 정도라고 해요. 살고 있는 집과 밭 조금, 낡은 농기구들과 털털거리는 자동차 한 대까지 모두 합쳐서 말이죠. 비슷한 나이의 평범한 우루과이 사람보다 적으면 적었지 아마 더 많지는 않을 거예요. 그러니 전 세계의 대통령 중에서는 가장 적을지도 모르죠.

사실 말이에요, 무히카가 살고 있는 곳은 부인 소유의 농장이랍니다. 집이나 땅은 말할 것도 없고, 무히카는 그 흔한 은행 통장 하나도 자신의 몫으로는 남겨 두지 않았대요. 무당벌레처럼 생긴 하늘색 자동차 한 대가 그가 가진 전 재산이라니 말이죠. '세계에서 가장 가난한 대통령'이라는 별명이 괜히 붙은 게 아닌가 봐요.

부자 나라보다 국민이 행복한 나라

그런데 무히카는 왜 그렇게 고집스러우리만큼 가난하고 소박하게만 살려고 할까요? 마음만 먹으면 다르게 사는 길도 얼마든지 있을 텐데 말이죠. 그가 말한 것처럼 '그의 시민들' 때문일까요? 혹시 무히카 할아버지는 말이 아닌 행동으로써 그가 말하는 행복이 어떤 건지 스스로 보여 주고 싶은 건 아니었을까요?

다행히 우루과이에서는 무히카 대통령의 그런 마음을 알아주는 사람이 아주 많아졌어요. 무히카는 모든 국민이 자기처럼 소박하게 살면서 참다운 행복을 느끼길 원했어요. 그래서 무조건 경제가 발전하고 돈 많은 나라가 되기보다는 국민이 행복한 나라를 먼저 만들고 싶어 했죠. 대통령이 앞장서서 그런 모습을 보여야 단 한 걸음이라도 나아갈 수 있다고 그는 믿었어요.

2012년, 브라질의 수도 리우에서는 'G20 정상회의'가 열렸어요. 흔히 선진국이라고 부르는 20개 나라의 대통령과 수상이 모여 세계의 평화와 번영을 위해 의견을 나누는 국제회의죠.

그날 회의에서 무히카 대통령은 연사로 나가 이렇게 말했어요.

"경제 개발이 인간의 행복을 가로막아서는 안 됩니다."

무히카 대통령이 했던 연설의 핵심은 바로 저 말이었어요. 사람들은 흔히 행복해지기 위해 돈을 번다고 생각해요. 하지만 곰곰이 생각해 보면, 어떤 사람들은 돈을 버느라 너무 바빠서 행복해질 기회를 놓치거나 스스로 버리기도 해요. 오직 돈을 벌기 위해 가족과 떨어져서 밤낮 없이 일만 한다면 과연 행복할까요? 어떤 아버지와 어머니는 오로지 돈을 불리기 위해 집값이 오를 만한 곳만 골라서 이사를 다닌다고 해요. 그리고 어떤 아이들은 나중에 좋은 대학에 들어가고 돈 잘 버는 직업을 가지려고 잠도 제대로 못 자고 공부에만 매달리고 있죠. 운동을 하거나, 취미 생활을 즐기거나, 책과 영화를 보며 교양을 쌓고 친구들과의 우정을 나눌 기회를 전부 잃으면서 말이죠. 그렇게 살다 보면 돈은 많이 벌 수 있을지 모르지만 정작 행복해질 기회는 영영 사라지고 말 텐데요.

그날 무히카는 이런 말도 했어요.

"전에는 매일 10시간 넘게 일하던 우루과이의 노동자들이 이제는 6시간씩만 일할 수 있게 되었습니다. 하지만 퇴근한 뒤에도 다른 일을 하고 있기 때문에 결국은 전보다 더 긴 시간 동안 일하는 셈이 되어 버렸습니다. 왜냐고요? 자동차나 오토바이 같은 것들을 사면서 들어간 할부금을 갚아야 하기 때문입니다. 그 돈을 다 갚고 나면, 어느 새 나처럼 노인이 되어 버려서 이제 인생이 끝나 가고 있다는 것을 깨닫게 될 것입니다."

언젠가 무히카는 자신을 비웃는 사람들에게, '나를 가난하다고 하는 사람들이 진짜 가난한 사람들입니다.'라고 단호하게 말한 적이 있는데, 그 말에 숨은 뜻도 마찬가지 아닐까요? 아무리 돈이 많아도, 그 돈을 벌기 위해 행복을 포기한 사람이라면 그야말로 진짜 가난한 사람이라는 거죠.

하지만 말이죠, 아직도 많은 나라의 정치가들은 경제 발전을 가장 중요한 목표이자 과제로 여기고 있어요. 우리나라도 선거 때마다 경제를 발전시키겠다는 공약이 가장 많고, 그런 공약을 많이 내놓는 정치인이 더 큰 인기를 얻기도 하잖아요?

연설이 막바지를 향해 가면서 무히카의 목소리에는 점점 더 힘이 실렸어요. 무히카는 사람들의 눈을 보며 또박또박 말했어요.

"물건이 팔리지 않으면 불황이 오고, 경제는 마비됩니다. 그렇게 되면 돈이 돌지 않아서 사람들은 생활이 어려워지겠지요. 그렇게 되지 않으려면 엄청나게 많은 물건이 끊임없이 팔려야 하고, 우리는 오래 쓸 수 있는 물건 대신 금방 바꿔야 하는 물건을 더 많이 생산해야만 합니다. 우리는 지금껏 그렇게 살아왔습니다. 우리는 그렇게 자원을 낭비하고 환경을 오염시키면서 지구를 파괴해 온 것입니다. 하지만 우리는 발전하기 위해 태어난 것이 아니라 행복해지기 위해 태어났습니다. 경제 발전이라는 이름의 대량 생산과 대량 소비는 이제 그만둬야 합니다. 더 이상 이 세계를 파괴해선 안 됩니다."

맞아요, 우리는 발전하기 위해서 태어난 게 아니죠. 무히카의 말대로 우리는 행복하기 위해서 이 세상에 온 거예요. 어려운 얘기처럼 보일 수 있지만, 조금만 생각해 보면 금방 이해할 수 있답니다.

만약 어느 발명가가 한 번 끼우면 100년 동안 갈아 끼울 필요가 없는 전구를 발명했다고 상상해 봐요. 모든 사람이 그 전구를 쓴다면 계속해서 새 전구를 만들기 위해 더 많은 자원을 사용할 필요도 없고, 다 쓴 전구를 처리하느라 환경을 오염시키지도 않을 거예요. 하지만 한 번 전구를 산 사람이 100년 동안이나 새 전구를 사지 않을 테니 전구를 파는 가게도, 전구를 만드는 공장도 문을 닫을 수밖에 없겠죠. 그러면 가게나 공장에서 일하던 사람들도 일자리를 잃을 수밖에 없고 말이에요. 결국 그 훌륭한 발명품이 되레 사람들의 살림살이를 어렵게 만들어 버릴 수도 있다는 말이죠.

그래서 우리 사회는 멀쩡한 옷이나 가구는 물론 휴대폰 같은 전자 제품까지 몇 년에 한 번씩은 버리고 새로 사게끔 '유행'이라는 것을 만들기도 한답니다. 애초에 오래 가지 못하게끔 일부러 약하게 만들기도 하죠. 그렇게라도 해서 물건을 만들어서 사고팔도록 해야 경제가 돌아가고 발전이 된다고 하면서 말이에요. 하지만 그건 분명 잘못된 생각이랍니다. 무히카가 목소리를 돋우어서 경고한 것도 바로 그거였어요. 이제라도 생각을 바꾸고 행동으로 옮기지 않으면, 지구는 더 이상 사람이 살 수 없는 곳이 될 수도 있다는 거죠.

이제 무히카는 연단에서 천천히 내려왔어요. 우렁찬 박수 소리가 그를 계속 따라다녔죠. 무히카의 마지막 말은 이거였어요.

"…… 만약에 인도나 중국에서도 독일처럼 집집마다 자

동차를 가지게 된다면 지구는 어떻게 될까요? 우리가 숨 쉴 수 있는 산소가 어느 정도나 남게 될까요?"

국민이 꿈꾸는 대통령

처음 들어보았을지 모를 별난 대통령 이야기, 어땠나요?
하지만 무히카를 일컬어서 세계에서 가장 훌륭한 대통령이라거나 무조건 본받아야 할 정치 지도자라고 쉽게 말할 수는 없어요. 대통령이나 정치가가 해야 할 일은 아주 많고, 무히카하고는 전혀 다른 생각과 방식으로 훌륭한 일을 해낸 지도자도 얼마든지 있으니까요.

그래도 한 나라의 대통령인데 집 한 채가 없다니, 집 한 채는 고사하고 은행에 예금 통장하나 없다니, 대통령 별장도 집 없는 이들한테 내주고 아내의 농장에서 밥도 하고 설거지도 하면서 살고 있다니 오랫동안 기억에 남을 것 같지 않아요?

사실, 세상에 그런 대통령이 있다는 게 나는 잘 믿기지 않았어요. 그런데 말이에요, 내가 정말 놀란 데에는 또 다른 까닭이 있어요. 별나지만 정직하고 소박한 대통령, 호세 무히카 때문만은 아니라는 거죠.

그건 바로 우루과이라는 나라의 국민 때문이었어요. 그런 대통령을 뽑을 줄 아는, 그런 대통령을 스스로 뽑아서 희망을 이야기하고 미래를 꿈꾸고 있는 그 나라의 국민이 나를 정말이지 놀라게 했답니다.

여러분은 어떤 대통령을 만나고 싶나요?

아마 저마다 다르겠죠. 하지만 어떤 대통령을 원하든 막연한 상상으로 끝나진 않을 거예요. 앞에서도 말한 것처럼 대통령이란 국민을 대표하는 사람이니까요. 그래서 모든 국민이 진심으로 바란다면 그런 모습의 대통령이 반드시 나타나게 되어 있답니다. 지구 반대편 남아메리카 대륙 우루과이에서 무히카라고 하는 아주 특별한 대통령이 등장했던 것처럼 말이죠.

나무 | 1986 | 캔버스에 유채 | 33.4 x 24.2 cm

"여러분은 어떤 대통령을 만나고 싶나요?"

'누가 1등인지' 아무도 묻지 않고,
'그게 무슨 말인지' 아무도 모르는

부탄, 히말라야 기슭 작은 나라의 '행복' 이야기

얼마 전 일입니다.

어떤 신문에 두 가지 그림이 실렸습니다. 첫 번째는 엄마가 아이 손을 잡고 가면서 길거리의 노숙자를 가리키며,

"얘, 공부 잘하지 못하면 저런 사람 된다."

라고 말하는 장면이었습니다. 두 번째는 또 다른 어머니가 자기 아이에게 노숙자를 가리키며,

"얘, 너는 커서 저런 사람도 다 같이 사람답게 사는 사회를 만들어야 해."

라고 말하는 장면이었습니다.

두 아이는 아무 말 없이 듣고만 있었지요.

엄마와 엄마

첫 번째 상황에서 엄마는 아이에게 열심히 공부해야 한다며, 그러지 않으면 노숙자나 거지가 될 거라고 겁을 주었습니다. 노숙자나 거지는 가난한 사람, 힘없는 사람, 밑바닥 인생을 나타내고 가리킵니다.

사실, 그렇습니다. 지금 우리 사회는, 말로는 모두 평등하다고 이야기하지만, 실제로는 아래는 넓고 위는 좁은 사다리 모양의 불평등 사회입니다. 그래서 남이야 어찌 되건 자기만 높은 곳으로 올라가려고 합니다. 높이 올라갈수록 더 많은 돈과 더 큰 힘을 가질 수 있기 때문입니다. 이런 점을 잘 알기 때문에 그 엄마는 아이에게,

"그러니까 공부를 잘해야 돼. 눈에는 안 보이지만, 그래야 사회가 만들어 놓은 사다리에 남들보다 높이 올라갈 수 있어."

라고 말하는 것이나 다름없습니다.

여기서 아이를 설득하기 위해 엄마가 생각해 낸 열쇳말

은 '두려움'이었습니다. 열심히 공부하지 않으면 노숙자 같은 밑바닥 인생을 살아야 하니까 그걸 두려워하라는 것입니다. 이는 다시 말하면, 엄마가 가진 두려움 내지 온 사회 구성원이 가진 두려움을 아이에게 다시 집어넣는 일입니다.

하지만 말입니다. 언제 바닥으로 떨어질지 몰라 두려움에 떨어야 하는 사회에서 우리는 행복할 수 있을까요? 게다가 '나' 혼자만 높은 곳으로 올라가고 다른 사람들은 여전히 바닥이나 중간에서 헤매고 있다면, 높이 올라간 내가 참으로 행복할 수 있을까요?

그렇다면 두 번째 상황은 어떨까요? 엄마는 아이를 보면서,
"저런 사람도 인간답게 살 수 있어야지."
라고 말하고 있습니다.

첫 번째 엄마와는 전혀 다른 이야기입니다. 그 엄마는 모든 사람이 평등하게 존중받아야 한다고, 그런 사회가 되어야 한다고 믿고 있습니다. 물론 쉬운 일이 아닙니다. 아

무나, 아무 때나 할 수 있는 일도 아닙니다. 그럼에도 불구하고 그 엄마는 잘못된 현실을 고쳐 가야 한다는 신념을 가지고 있습니다. 어쩌면 다른 사람의 불행을 안타깝게 여기는 마음 때문에 그렇게 말했는지 모릅니다만, 적어도 두 번째 엄마는 아이에게 '두려움'을 주입시키지는 않았습니다. 다른 사람은 생각하지 말고 너만이라도 높은 곳으로 올라가서 편히 살라고 하지 않은 것입니다. 좀 힘이 들지 몰라도 어려운 이웃을 돌보는 사람이 되라고 말하고 있는 것이지요.

그런데 두 가지 상황에는 공통점이 하나 있습니다. 그게 뭘까요?

그것은 두 엄마 모두 아이가 행복하게 살기를 바라고 있다는 점입니다. 그렇습니다. 모든 사람은 행복하게 살기를 원하고 또 그래야 마땅합니다. 하지만 두 상황에서 차이가 나는 것은 그 '방법'입니다. 하나는 다른 사람을 생각하지 않고 자기만 행복하려는 것이고, 다른 하나는 다른 사람과 더불어 행복해야 바람직하다는 것입니다.

바로 이 부분에서 우리는 질문을 하나 던져야 합니다. 그런데 그 질문은,

"치열한 경쟁 사회인데, 다른 사람 행복까지 생각할 시간이 어디 있어요?"

라고 묻는 것이어서는 곤란합니다. 그보다는,

"어떤 사회를 만들어야 다 같이 행복해질 수 있을까요?"라는 진지한 물음이어야 하겠지요. 이런 질문을 더 많은 사람이 던져야 학교와 학원에 치여 문제집을 푸는 것으로 인생을 다 보내는 현실을 조금이라도 바꿀 수 있으니까요.

그래서 여러분, 우리는 책을 읽어야 하고 여행도 해야 한답니다. 그래야만 우리와 다르게 사는 사람들의 삶을 찬찬히 들여다볼 수 있거든요. 독서와 여행은 우리에게 '우물 안 개구리' 신세를 벗어나 세상을 넓게 보고 인생의 큰 뜻을 품도록 도와줍니다. 물론 제대로 해야 그렇게 됩니다. 우리 사회가 무엇을 가장 중요하게 여기는지, 내가 지

나무와 새 | 1957 | 캔버스에 유채 | 34 x 24 cm

"다 같이 행복한 사회……
우리도 만들 수 있을까요?"

금 어떻게 살고 있는지 스스로 생각할 수 있어야겠지요.

누가 1등인지 아무도 묻지 않는

그런 생각에서 지금껏 눈여겨봐 온 나라가 있습니다.

바로 '부탄'이라고 하는 나라입니다. 1인당 국민소득 기준으로 우리나라의 10분의 1에 불과하고, 인도와 중국 티베트 자치구 사이 히말라야 기슭에 있으면서 인구가 75만 명 정도인 작은 산악국가입니다.

그런데 2011년 어느 날, 부탄이라는 나라 이름을 듣고 온 세계가 깜짝 놀라는 일이 생겼습니다. 영국에 있는 '유럽 신경제재단(NEF)'에서 어느 나라의 국민이 가장 행복한지 조사했는데, 그 결과 143개 나라 가운데 부탄의 행복지수가 1위로 나온 것입니다. 국민 100명 가운데 97명이 스스로 행복하다고 말했다니, 이 수수께끼 같은 이야기를 전해 들으면서 사람들은 비로소 부탄에 대해 관심을 보이기 시작했습니다. 그 조사에서 우리 대한민국은 68위에 이름을 올렸지요.

　더욱 놀랍고 믿기지 않는 사실은, 부탄이 세계에서도 기부를 많이 하는 나라로 손꼽힌다는 것입니다. 자신보다 더 가난한 나라와 사람들을 위해 어떤 모양으로든 마음을 써 왔다는 뜻입니다. 그러고 보면 부탄이야말로 너그럽고 부드러운 마음을 가진 '아름다운 나라'가 아닐까 싶어집니다. 이미 오래 전에 백범 김구 선생님이 「나의 소원」이라는 글에서 말한 것처럼 말이지요.

　아이들은 학교에 가는 것을 즐거움으로 여기고, 공부하는 데나 아픈 곳을 치료하는 데에도 돈이 전혀 들지 않습니다. 곁에 있는 모두가 가족 같다는 나라에 '시험'과 '1등', '따돌림'이라는 말이 과연 있기나 할까요? 그런 나라의 교실에 공부만 잘하면 된다는 말을 부모에게서 들어 본 아이가 단 한 명이라도 있을까요? '누가 1등인지' 아무도 묻지 않겠지만, 누가 혹시 그렇게 묻더라도 '그게 무슨 말인지' 아무도 모르겠지요.

그런데다가 해마다 첫눈 내리는 날을 공휴일로 정해서 온 국민이 쉰다고 하니, 아이들은 그 날을 얼마나 기쁘게 기다리고 있을까요? 그렇습니다. 참으로 멋지고 동화 같은 현실입니다. 그러고 보니 대한민국에 사는 우리는 정말이지 바쁘게 살고 있습니다. 우리는 왜 이토록 학교와 학원을 정신없이 오가며 살아야 할까요? 왜 부모와 자녀 사이는 물론, 심지어 부부 사이에도 사랑이 담긴 대화가 점점 줄기만 할까요? 부탄이 그런 나라가 된 비결을 어디서 찾을 수 있을까요?

행복이 없으면, 아무것도 가진 게 없는 것

부탄의 행복은 거저 얻은 것이 아니랍니다.

부탄은 오래 전부터 국민의 '행복'을 가장 중요한 것으로 여겨 왔고, 그것을 꼭 이뤄야 할 나라의 정책으로 삼았습니다. 전 세계가 국민총생산(GNP)이나 국내총생산(GDP)을 바탕으로 물질적인 부와 경제 성장에 매달릴 때,

부탄은 '국민총행복(GNH)'이라는 아주 독특한 생각을 하고 있었습니다. 국민이 얼마나 행복하게 지내는지, 그 행복이 줄고 있진 않은지, 어떨 때 행복을 느끼는지 측정해서 더 행복한 나라를 만드는 데 쓰도록 하겠다는 뜻이었습니다. 지금으로부터 40년도 넘은 1972년의 일이었으니, 참으로 놀랄 만한 일입니다. 그때 우리나라는 선진국을 꿈꾸며 온 나라가 새마을 운동에 나서느라 떠들썩했었지요.

스스로 국민 앞에 나아가 경제 성장이 아닌 행복을 이야기한 사람은 17살 소년이었습니다. 그의 이름은 '지그메 싱기에 왕추크'였고, 아직 어린 나이에 한 나라의 왕이 되었지만 책을 읽고 공부하길 좋아하는, 사려 깊은 사람으로 자랐지요.

어느 날 어린 왕은 이렇게 말했습니다.

"행복이 없고 평화롭지 않다면 우리는 아무것도 가진 게 없는 것입니다. 우리의 가장 중요한 목표는 국민의 행복과 평화입니다."

어린 왕은 생각하고 또 생각한 뒤에 모두의 지혜를 모아

이런 결론을 내린 것입니다. 비록 국민의 대부분이 글을 몰랐고 국토는 거의가 불모지였지만, 경제를 발전시켜 돈을 버는 것보다 더 중요한 것이 있다고 믿은 것입니다.

어린 왕은 똑똑히 보았습니다. 이른바 잘 사는 나라에도 가난한 사람은 셀 수 없이 많았고 그들은 먹고살기조차 힘들었습니다. 큰 기업들은 환경을 해치면서까지 생산량을 늘렸고, 저마다 나라 경제에 이바지했다며 목소리를 높였습니다. 사람들은 더 많이 벌고 더 많이 쓰는 것을 잘 사는 것으로 믿었고, 남보다 더 많이 일하고 더 많이 모으느라 하나같이 바빴습니다. 그래서 행복해진 사람도 있었지만, 그보다는 행복을 느낄 시간조차 잃어버린 사람이 훨씬 더 많았습니다.

그 뒤 어린 왕은 더 큰 결심을 하게 됩니다. 언제가 될지 알 수는 없지만, 더 이상 왕 한 사람의 힘으로 다스리는 나라가 아니라 법으로 통치하는 나라를 만들어 가기로 마음먹은 것입니다. 한 나라의 왕이 국민 앞에 권력을 내려놓고 나름의 민주주의 제도를 도입하겠다는 뜻이었습니다.

가족 | 1973 | 캔버스에 유채 | 17.5 x 20 cm

"정말 그렇습니다.
행복이 없고 평화롭지 않다면
우리는 아무것도 가진 게 없는 것입니다."

훗날 부탄은 총칼 없이, 누구의 피도 흘리지 않고 국왕 스스로 국민에게 권력을 넘겨 준 유일한 나라가 되었지요.

그렇게 부탄은 차츰 다른 나라가 되어 갔습니다. 가난하고 배우지 못한 사람들도 하나 둘씩 글에 눈을 뜨고 건강을 되찾았습니다. 나라의 크고 작은 일을 맡아 하는 관료들도 왕의 뜻을 전하고 실천하는 데 힘을 아끼지 않았습니다. '국민총행복위원회'라는 정부 기구에서는 법률 하나라도 국민의 행복에 도움이 되는지 꼼꼼히 살폈습니다.

부탄의 내무부 장관은 기회가 있을 때마다 이렇게 강조하곤 했습니다.

"국민총생산이나 국내총생산은 사람의 행복에 대해서는 아무 말도 하지 않습니다. 아니, 애초에 그럴 수가 없는 것입니다. 저는 '국민총행복'이라는 새로운 생각이 모두가 행복해지는 데 도움이 될 거라고 믿습니다."

그런 힘찬 목소리들이 세상에 알려지기 시작하자, 경제 성장을 최고로 여기던 미국의 〈뉴욕 타임즈〉조차 2005년

10월 4일자에, "히말라야 산기슭의 작은 왕국이 행복의 새로운 기준을 내놓았다."라며 특별 기사를 실은 적도 있습니다. 그러고는 "우리 서구 문명은 오랫동안 풍요롭게 살아왔지만, 오늘날에 이르러 풍요의 부작용을 겪으면서 경제 성장이 좋은 일이 아닐 수도 있음을 깨닫게 되었다."라고 고백하기에 이르렀습니다.

　그렇습니다. 그래서 누군가 '풍요 속의 빈곤'이라고 말한 것일까요? 그들이 말한 풍요의 부작용이란 무언가 잃어서는 안 될 것을 지금 잃고 있다는 뜻입니다. 일부러 그렇게 되길 바란 건 아니겠지만, 모두가 경제 성장을 바라고 부자가 되기를 꿈꾸면서 생각지도 못한 일이 생기고 있는 것입니다. 경제가 발전한 만큼 국민소득은 늘었지만, 사회는 갈수록 불평등해졌고 사람들 사이는 점점 멀어지기만 했습니다. 부자는 갈수록 더 큰 부자가 되는데, 가난한 사람들은 다람쥐 쳇바퀴 돌듯 제자리걸음만 하다가 쫓기듯이 구석으로 밀려났습니다.

　마침내 사람들은 '20대 80 사회'라든지 '10대 90 사회'

라는 말을 하게 되었습니다. '20대 80 사회'란 전체 사회 구성원 가운데 20%의 소수가 전체 부의 80%를 차지하고, 나머지 80%의 사람들이 남은 20%의 부를 서로 더 많이 차지하려고 경쟁을 벌이는 사회입니다. 그러니 '10대 90 사회'가 되면 불평등 내지 양극화는 더 심해지는 셈이지요. 하물며 최근에는 '1대 99 사회'라는 말까지 나오기도 합니다. 이렇게 되면 세상에는 정말 희망이 없어질지 모릅니다. 그뿐만이 아닙니다. 힘없는 사람들의 목소리는 점점 작아져 가고 그마저 들어 주는 이들이 줄어들고 있습니다. 그러는 사이에도 자연 생태계는 돌이킬 수 없을 만큼 파괴되었고, 자연 자원은 갈수록 바닥을 드러내고 있습니다.

가만히 생각해 보면, 그건 우리도 마찬가지입니다. 하나부터 열까지 꼭 닮아 있습니다. 경제는 갈수록 성장하고 발전했다는데, 사람들의 삶은 갈수록 팍팍해지고 힘겨워졌습니다. 어른뿐만 아니라 어린이들까지도 덩달아 웃음을 잃어 가고 있습니다. 혹시 일부에게만 혜택이 돌아가는 경제 성장은 아니었는지, 다른 선택의 여지는 없었는지 다시 한 번 생각해 봐야 하지 않을까요?

부탄의 다른 길

그러고 보면 부탄의 선택은 전혀 다른 것이었습니다.

부탄의 국왕과 관료들은 '국민총행복'을 이야기하며 몇 가지 기준을 정했습니다. 모두에게 이로움을 주도록 경제를 평등하게 발전시키고, 전통 문화를 지키면서 자연을 보호해야 한다는 내용인데, 이런 기준을 가지고 모든 정치가들이 국민의 행복을 위해 노력하기로 한 것입니다. 그 결과 부탄에는 우리가 그렇게 될까 봐 몹시도 두려워하는 노숙자가 없습니다. 물론 거지도 없습니다. 빈부 격차도 거의 없기 때문에 어디에서도 고아나 외톨이를 찾아보기 어렵습니다.

부탄도 경제가 꾸준히 발전하기를 바라고는 있습니다. 어쨌거나 나라의 살림살이를 위해서는 필요하기 때문입니다. 하지만 자연 환경과 전통 문화를 지키는 것을 더 중요한 것으로 보기 때문에 산업화가 되기 시작한 뒤에도 부탄의 숲은 오히려 푸르러졌습니다. 지금도 부탄 곳곳에서는 그들의 전통 축제가 끊임없이 이어지고 있지요. 경제 발전과 국민소득을 이유로 소중한 것을 저버리지 않았기 때문입니다.

뿐만 아니라 부탄은 하루가 다르게 늘고 있는 관광객도 하루에 300명 정도만 받는다고 합니다. 그리고 모든 사람에게 하루에 약 200달러를 숙박비와 교통비, 입장료 등 머무는 값으로 미리 내게 하고 있습니다. 돈이 중요하고, 돈을 많이 벌기로 했다면 결코 할 수 없는 일입니다. 관광객이 400명, 500명으로 많아질수록 더 많은 돈이 들어와 쌓이겠지만, 자연 환경이 망가지는 등 그만큼 잃는 것이 생긴다는 것을 잘 아는 까닭이겠지요. 게다가 관광객 한 사람이 내는 돈의 30%는 반드시 아이들을 가르치고 아픈 사람을 돌보는 데 쓴다고 하니, 부탄은 스스로 행복해지고 슬기로워지기 위해 애쓰고 있는 나라임에 틀림없습니다.

작은 웃음 하나가 번져 가듯이

부탄에서 사람들은 그렇게 살고 있습니다.

문득, 부탄의 행복 이야기가 여러분에게는 어떻게 들릴지 궁금해집니다. 지금부터는 우리가 어떻게 살고 있는지, 어떻게 해야 행복해질 수 있을지 이야기하려고 하는데 무슨 말부터 꺼내야 할지 망설여집니다.

여러분도 벌써 알다시피, 우리나라의 어린이와 청소년은 그다지 행복하지 않습니다. 이제는 별로 놀라운 일도 아닙니다. 십 년 전이나 지금이나 달라진 것이 없습니다. 방학에도 학원에 다니느라 눈코 뜰 새 없이 바쁘고, 하루하루 잠도 제대로 못 자면서 시험공부에 매달리는데 행복해질 틈이 어디에 있을까요.

이른바 선진국들의 모임이라는 경제협력개발기구(OECD)에서도 해마다 가장 낮은 수준을 보이는 우리들의 행복 지수를 꼬집어 말하면서 그 소식을 전 세계에 알리고 있습니다. 경제력이 세계에서 열 몇 번째라고 자랑하는 것에 비하면 정말이지 부끄러운 일입니다. 부탄이라는 나라가 벌써 보여준 것처럼, 경제 발전이라는 것도 결국은 사람이 행복하려고 하는 것입니다. 일하기 위해서 사는 게 아니라 살기 위해서 일하는 것입니다. 그게 옳은 것입니다. 누구나 행복하게 살고 싶어서 공부도 하고 일도 하기 때문입니다.

그런데 우리나라에서는 어린이와 청소년만 불행한 게 아니라 어른들도 불행합니다. 열 사람 가운데 서너 사람만 행복하다고 할 뿐, 나머지는 스스로 불행한 사람이라고 말하고 있으니까요. 미래의 주인공인 여러분이 불행한데 그런 나라의 어른이 행복할 리 없습니다. 누구나 부탄 사람들처럼 행복해지길 바라고는 있지만, 그건 결코 그냥 되는 일이 아닙니다. 우리 모두는 서로 연결되어 있기 때문에 어느 하나가 좋아지거나 바뀌었다고 해서 없던 행복이 갑자기 생기는 것도 아니지요.

그러니 우리가 행복해지려면 아주 조금씩이라도, 다 같이 변해 가는 수밖에 없답니다. 그렇습니다. 길은 오로지 그것밖에 없습니다. 우리는 서로서로 보이지 않는 끈으로 연결되어 있으므로, 작은 웃음 하나가 모두의 웃음으로 번져 가듯이 사람과 사람이 함께 어우러져서 희망을 찾아야 하는 것입니다.

부탄의 경우에서 여러분도 똑똑히 보았듯이, 무엇보다 중요한 것이 나라의 일꾼입니다. 좋은 생각을 가진 사람이 나라의 일꾼이 되어야 합니다. 우리 스스로 그런 일꾼을 뽑아서 돈보다 행복을 중요하게 여기는 사회를 만들어 가야 합니다. 그러면 어른들의 일터에서도 사람을 먼저 생각하는 경영을 하게 되고, 그만큼 일하는 시간이 줄어서 가족이 함께할 시간도 점점 많아지겠지요.

그러면서 여러분이 공부하는 시간도 차츰 줄어들어야 합니다. 반드시 그래야 합니다. 세상에서 여러분에게 가장 좋은 것은 자유롭게 뛰노는 것입니다. 세상에서 여러분이 가장 좋아하는 것도 친구들과 재미나게 노는 것입니다. 그렇지 않은가요? 그러니 학교에서는 수업 시간을 줄여야 하고, 시험도 꼭 필요할 때만 치도록 바꿔어 가야 합니다.

즐겁게 공부할 수 있어야 배움이 절로 일어납니다. 시험을 치더라도 학교가 여러분의 등수를 매겨서 친구들을 서로 비교하는 일은 절대 하지 말아야 합니다. 모든 아이들은 나름의 색깔과 속도로 자라기 때문이지요.

히말라야 기슭의 작은 나라 부탄, 세상에는 그런 나라도 있답니다.

그러나 세상에 행복한 나라가 부탄만 있는 것은 아닙니다. 부탄은 여전히 가난하고, 우리가 모르는 많은 문제를 숙제처럼 가지고 있을 것입니다. 또 어떤 사람들은 그런 나라가 있는 줄도 여전히 모르고 있겠지요.

하지만 우리가 들여다본 부탄의 행복은 아주 특별했습니다. 돈보다, 경제 발전보다, 시험보다, 1등보다 중요한 것이 '행복'이었고, 사람들은 그 행복을 가장 소중한 것으로 여기면서 스스로 지켜 왔습니다.

그렇습니다. 적어도 부탄에서는 부모가 아이에게 억지로 '두려움'을 집어넣는 일은 없었습니다. 열심히 공부하

가족 | 1954 | 캔버스에 유채 | 31.5 x 32 cm

"우리가 행복해지려면
아주 조금씩이라도, 다 같이
변해 가야 합니다."

지 않으면, 다시 말해 공부를 잘하지 못하면 노숙자가 될지 모르니까 그걸 두려워하라던 첫 번째 엄마처럼 말이지요.

적어도 그만큼, 부탄의 아이들은 행복했을 것입니다. 그래서 서로 얼굴만 보아도 웃음이 나는지 모릅니다.

두 마리 토끼를 잡는 방법

어떤 '일'과 '직업'이 나를 행복하게 할까?

돌잔치 가 본 적 있나요? 아기가 태어나 딱 일 년째 되는 날, 그러니까 아기의 첫 생일이 되면 돌잔치를 열지요. 처음 맞는 생일을 축하하고 아기의 앞날을 축복하는 자리랍니다. 이 돌잔치에서 빠질 수 없는 것이 바로 '돌잡이'예요.

돌잡이란 첫 돌상에 실·돈·곡식·붓·책·국수·활 등 여러 가지 것들을 늘어놓고 아이에게 마음대로 골라잡도록 하는 거예요. 아이가 붓이나 책을 고르면 공부를 많이 하며 살겠거니, 활을 잡으면 훌륭한 장군이 되겠거니, 실을 고르면 무병장수하겠거니 하며 아이의 장래를 점쳐 보곤 했던 거예요. 요즘은 세상이 바뀌어 활이나 국수 같은 것은 자취를 감추고 대신 그 자리에 청진기나 현미경 같은 것이 새롭게 등장했죠. 하지만 아이의 앞날을 축복해 주려는 마음이야 예나 지금이나 다를 바 없겠죠.

여기서 재미있는 것은 돌상에 올리는 돌잡이 물건들이 대체로 직업과 관련이 있다는 거예요. 생애 처음 맞이하는 생일 행사가 장래 어떤 일을 하게 될지 점쳐 보는 일이라는 것이 흥미롭지 않나요? 그만큼 우리가 살면서 어떤 일을 할 것인지가 중요하다는 의미겠죠.

그래서 우리는 장래 희망을 물어보는 칸에 누가 시키지 않아도 미래에 하고 싶은 일, 직업을 적어 넣어요. 어른들끼리 처음 만났을 때 이름과 함께 주고받는 정보도 바로 '지금 하고 있는 일', 즉 직업에 대한 것인 경우가 많아요. 어린이와 청소년들이 어른들로부터 가장 많이 받는 질문 가운데 하나도 "너는 커서 뭐가 되고 싶니?"라는 거죠. 어떤 일을 하며 살까? 중요한 문제 맞아요.

장래 희망

여러분은 장래 희망란에 어떤 직업을 적었나요?

제가 어렸을 때는 대통령, 우주비행사, 과학자, 판·검사, 이런 것들을 적었던 것 같아요. 요즘에는 어떻게 변했을까요? 2014년 조사 결과에 따르면, 초등학생 어린이가 가장 원하는 직업은 남자는 운동선수, 과학자, 의사의 순이고 여자는 교사, 연예인, 조리사라고 합니다. 그런데 중학생과 고등학생의 희망직업 1위는 남녀가 모두 교사예요.

교사라는 직업을 갖고 20년도 넘게 살아온 저는 이 조사 결과에 깜짝 놀랐어요. 교사가 이렇게 인기 직업이란 말인가? 제가 가르치는 학생들에게 물어보았죠. 과연 교사가 되고 싶다는 학생들이 많기는 하더라고요. 그런데 교사가 되고 싶어 하는 이유를 물어보고는 다시 한 번 깜짝 놀랐죠. 열에 아홉은 이렇게 같은 대답을 하는 거예요.

"안정적이잖아요."

심지어 자기는 아이들을 별로 좋아하지 않는다고, 매번

얼굴 | 1957 | 캔버스에 유채 | 40.9 x 31.8 cm

"너는 커서 뭐가 되고 싶니?"

똑같은 얘기를 반복해서 해야 하는 것도 좋아 보이지 않는다고 하는 학생도 장래 희망이 교사라는 거예요. 이유는? 똑같았어요.

"안정적이잖아요."

여러분이 장래 희망란에 교사나 공무원, 대기업 사원, 정규직 같은 것을 적는다면서, 요즘 애들은 너무 현실적인 데다가 꿈이 없다고 말하는 사람들을 보면 좀 얄밉기도 해요. 게다가 학교에서의 진로 교육을 강화해야 한다고, 그래서 학생들이 한시라도 빨리 자기 적성을 발견하여 희망 직업을 찾을 수 있도록 도와야 한다고 결론 내리는 것을 보면 정말이지 답답해지기도 하죠. 여러분이 '너무 현실적'이 되고 '꿈이 없'게 된 것이 진로 교육이 부족해서일까요? 사실은 꿈을 가질 것을 허용하지 않는 가혹한 현실 때문이잖아요.

그 마음, 근거 있다

안정적이라는 이유로 어떤 직업을 희망하는 어린이나 청소년들이 비난받는 것은 공정하지 않다고 생각해요. 안정적인 것은 참 중요한 거예요. 내가 뭔가 큰 잘못을 저지르지 않는 한 해고의 걱정이 없고, 큰돈은 아니더라도 꼬박꼬박 제 날짜에 정해진 월급을 받을 수 있다는 것은 정말 마음이 놓이는 일이죠. 안정적인 삶을 간절히 바라는 그 마음을 어찌 모르겠어요.

그런데 우리 사회는 점점 일자리가 불안해지고 있거든요. 그건 비정규직 일자리의 비율을 통해 엿볼 수 있어요. 2014년 정부 통계에 따르면 비정규직 노동자는 607만 명으로 전체 노동자의 32.4%예요. 하지만 노동계에서는 비정규직 비율이 이보다 훨씬 높다고 하는데요, 그해 한국노동사회연구소에서는 비정규직 규모가 전체 노동자의 50%를 넘는 1천만 명 정도라고 했어요. 이런 차이가 나는 이유는, 정부 통계에는 포함되지 않은 사내 하청 노동자나 특수 고용직까지 계산하고 있기 때문입니다. 아무튼, 무시할 수 없는 많은 사람들이 비정규직으로 일하고 있다는 것은 분명하죠.

'비정규직'이란, 일자리가 계속 보장되지 않고 계약 기간이 끝나면 일자리가 없어진다는 의미예요. 다시 말해 오늘은 내가 그 직장에서 일하고 있지만, 내 생각하고는 관계없이 내일은 그 일자리가 사라질 수도 있다는 거죠. 언제든 직장에서 해고될 수 있고, 열심히 일을 해서 성과를 보여도 승진 가능성도 없어요. 불안하죠. 게다가 정규직에 비해 돈도 적게 받아요.

이게 끝이 아니죠. 지금은 '청년 실업 100만 명 시대'라고 하네요. 일자리를 원하지만 일자리를 구하지 못한 청년들이 100만 명을 넘어섰다는 얘기예요. 정부는 계속해서 일자리를 만들어 내기 위한 정책을 펼치고 있다지만, 새로 생기는 일자리는 대체로 임금이 낮아요. 게다가 고용이 불안한 비정규직 일자리인 경우가 대부분이고, 그나마도 부족한 실정이라는 거죠. 상황이 이런데 적성이나 흥미, 꿈

까치 | 1987 | 캔버스에 유채 | 40.9 x 31.8 cm

"언제부터 '정규직'이 우리들의
장래 희망이 되었을까요?"

이라니…… 이런 말들은 어찌 보면 사치스럽고, 또 어찌 보면 허황되죠.

그냥 꿈 없이 살기로

안정적이라는 이유로 교사가 되기를 희망하는 학생이 많아진 것보다도 더 마음 아픈 것은 "희망 직업이 없다."라고 답한 학생의 비율이에요. 중·고등학생들의 희망직업 1위가 교사라고 밝혔던 바로 그 조사에서, 초등학생은 10명 가운데 대략 한 명 정도가 희망 직업이 없다고 답했더라고요. 초등학생이라면 아직 알고 있는 직업도 별로 없고, 자신의 적성이나 흥미를 발견하기에도 어린 나이이니 희망 직업이 없는 게 오히려 자연스러울 수도 있죠. 그런데도 10명 중 9명은 자신의 희망 직업을 가지고 있으니 꽤 야무지죠.

그런데 중학교, 고등학교에 가면서 상황이 달라지네요. 중·고등학생들은 10명 가운데 3명 정도가 희망 직업이 없다고 대답했어요. 어라? 더 나이를 먹었고, 직업에 대한 정보도 늘었고, 자신에 대한 탐색도 더 많이 했을 텐데, 왜 희망 직업이 없는 학생이 늘어났을까요?

저는 이것이 절망 때문이라고 생각해요. 현실의 높은 벽에 대한 절망. 희망 직업이 없다고 답한 그들은 꿈을 간직한 채로 견디기에는 가슴이 너무 아픈 거죠. 그래서 그런 현실을 버텨내느라 꿈을 버린 친구들이죠. 그냥 꿈 없이 살기를 선택한 거예요. 게을러서, 무기력해서 희망 직업이 없다고 답한 게 아니라고요!

그럼에도 불구하고

꿈을 간직하고 그것을 이루려고 애쓰기에는 현실의 벽이 너무 높다고 느끼나요? 불안한 삶을 견디느니 꿈을 포기하더라도 안정적인 직업을 찾는 것이 낫다고 느끼나요? 그렇게 느끼는 그 마음을 잘 알고 있음에도 불구하고, 우리 앞에 놓인 현실이 가혹함에도 불구하고, 그럼에도 불구하고 저는 항상 말한답니다. 그래도 꿈을 좇으라고요.

어떤 일을 직업으로 삼아서 살아간다는 것은 자기 앞에 놓인 인생의 3분의 1을 그 일을 위해 쓴다는 의미예요. 3분의 1은 잠을 자는 데 쓴다는 것을 감안하면, 그 일을 위해 쓰는 시간이 자기가 마음대로 쓸 수 있는 시간의 절반이라는 뜻이죠. 정말 좋아서 시작한 일도 징글징글해질 정도로 긴 시간이에요. 그런데 오직 안정적이라는 이유로, 별로 좋아하지도 않는 일을 하고 살아야 한다면? 행복한 삶과는 거리가 멀어도 한참 먼 얘기 아닌가요?

예를 들어 평생 고용이 보장되고 월급이 꼬박꼬박 들어온다는 이유, 즉 안정적이기 때문에 교사가 된 사람이 있다고 생각해 볼까요? 아마 시간 시간이 괴로울 거예요. 괴롭게 수업하니 수업도 잘 안 되고, 학생들과의 관계도 나빠지고, 그러니 더 괴로워지고…… 출근하는 하루하루, 수업하는 한 시간 한 시간이 매번 견뎌 내야 하는 형벌과도 같은데, 그래도 괜찮은가요? 안정적이니까 참을 수 있나요?

게다가 원치 않는 일을 하는데서 오는 불행은 자기에게

만 영향을 미치는 것이 아니랍니다. 괴로운 마음으로 수업을 하고 학생을 만나는 교사는 그 괴로운 마음을 저도 모르게 학생들에게 퍼트리게 됩니다. 행복한 마음으로 하는 수업도 학생에게는 힘든 일이 될 수 있는데, 괴로운 마음으로 하는 수업은 어떻겠어요?

아마 여러분에게도 떠오르는 얼굴이 있을 거예요. 학교에서 만나는 선생님 중에 누가 행복한 마음으로 수업하고 있는지, 괴로운 마음으로 수업하고 있는지 말이죠.

꿈의 일터라고?

젊은 남녀가 막 키스를 하려는 순간이에요. 분위기가 막 찐해지려는 순간인데, 갑자기 그 둘 사이에 시커먼 무엇인가가!

알고 보니 영화 촬영 현장에서 키스신을 찍으려는 순간, 커다란 붐 마이크를 들고 있던 청년이 졸다가 마이크를 그만 놓쳐 버린 거였어요. 청년은 깜짝 놀라서 벌떡 일어나

사과를 하고, 촬영은 다시 시작되죠. 장면이 바뀌어서 어찌 어찌 일을 마치고 귀가 길이에요. 아까 졸던 청년에게 한 친구가 박카스를 사 주네요. "피로회복제는 약국에 있습니다." 하는 문구가 뒤를 따르고요.

이 광고 본 적 있나요? 저는 이 광고를 보고 경악을 했어요. 젊고 건강한 젊은이가 일을 하다 너무 피곤해서 깜빡 잠에 빠져 버릴 정도라면 이건 위험 신호예요. 그런데도 일단 계속 일을 해요. 그리고 약국에서 피로회복제를 사 먹으며 버티는 거예요. 일한 대가는 충분히 받고 있을까요? 영화, 광고, 디자인, 게임 등 많은 청소년들이 바라는 '꿈의 일터'는 박봉으로 유명하답니다. 일하고 받는 돈이 아주 적다는 거죠. 하고 싶은 일을 하고 있으니 돈 욕심은 좀 뒤로 미루라는 거예요. 돈 제대로 안 받고도 일하고 싶은 사람은 줄을 섰으니, "싫으면 관둬라!" 하고 배짱을 부리는 거죠.

잠이 부족할 정도로 긴 시간 동안 일하고도 법으로 정한 최저 임금도 받지 못하고 있는 게 이 업계의 현실이라고 해요. 꿈을 좇는 것은 아름다운 일이지만, 그렇다고 해서 졸리고 배고픈 것도 아름다운 것은 아니죠. 부당한 대우를 받는 것도 아름다운 일은 아니죠. 이 광고는 이런 현실의 문제를 뒤로 한 채, 아주 낭만적으로 포장해 놓고 있어요.

두 마리 토끼를 잡는 방법

꿈을 좇아도 문제, 안정을 추구해도 문제, 그러니 어찌 하냐고요?

그런데 왜 우리는 꿈과 안정, 둘 중 하나만 골라야 하죠? 둘 다 가지면 안 되는 건가요? 좋아하는 일, 적성에 맞는 일을 하면서 충분히 먹고살 수는 없는 건가요? 이건 너무 철없는, 세상모르는 소리인가요?

이건 절대로 꿈 같은 소리가 아니에요. 먼저, 그가 누구든, 어떤 일을 하건 최소한으로 받아야 하는 임금을 적당한 수준으로 법으로 정해 놓으면 많은 문제들이 해결될 수 있어요. 이걸 '최저 임금'이라고 한답니다.

사실 우리 사회에도 최저 임금이 법으로 정해져 있기는 해요. 문제는 그 최저 임금이 너무 낮다는 거죠. 1시간 최저 임금으로 '빅맥' 햄버거를 몇 개나 사 먹을 수 있는가를 두고 여러 나라의 최저 임금을 비교했는데, 우리나라에서는 1시간 일하면 햄버거 하나를 사 먹을 수 있지만, 일본에서는 두 개를 사 먹을 수 있고, 호주에서는 세 개를 사 먹고도 돈이 많이 남아요. 그렇게 낮은 최저 임금마저도 제대로 못 받는 사람이 많다는 것은 더 충격적이죠. 최저 임금이 현실에 맞게 적절하게 정해지고, 그걸 정확하게 지키도록 하면 우리는 꿈과 안정 사이에서 방황하지 않아도 될 거예요.

우리가 꿈과 안정, 두 마리 토끼를 잡는 두 번째 방법은 임금 격차를 줄이는 거예요.

왜 의사, 변호사는 그렇게 많은 돈을 받아야 하나요? 중요한 일을 하기 때문이라고요? 우리 학교 급식 종사원들이 하고 있는 일은 중요한 일 아닌가요? 의사, 변호사는 아무나 할 수 없는 어려운 일을 하고 있으니 돈을 많이 받아야 한다고요? 119 구조대가 하는 일도 아무나 할 수 없는 어려운 일 아닌가요?

이렇게 하나하나 따져 보면 우리 사회에서 중요하지 않은 일, 어렵지 않은 일이 어디 있을까요? 특정한 직업에 지나치게 많은 수입을 보장하는 것은 옳지 않은 일이에요. 실제로 북유럽이나 서유럽 국가들은 임금 격차가 상당히 작은 편이라고 해요. 오히려 몸을 움직이는 직업에 종사하는 사람들의 임금이 높은 경향도 있고요.

이렇게 되면 좋은 점이 또 있어요. 임금 격차가 작은 나라에서는 구태여 대학에 가려고 애쓰지 않아도 되기 때문에 정말 공부하고 싶은 사람만 대학에 진학하려고 한다는 거예요. 그러니 대입 경쟁도 치열하지 않아요. 입시 경쟁이 치열하지 않으니 자신의 적성과 흥미를 발견하는 활동을 충분히 하면서 중·고등학교 시절을 보낼 수 있다는 거죠. 사교육비가 따로 들지 않으니 당연히 집안의 살림살이도 한층 안정되겠지요.

꿈과 안정, 두 마리 토끼를 잡는 세 번째 방법은 무상교육제도예요.

왜 대학 등록금은 그토록 비싸야 하지요? 스웨덴, 스위스, 독일, 프랑스…… 이런 나라들은 대학이 공짜예요. 그런 나라도 있어요. 대학 교육을 무료로 받을 수 있다면, 비싼 등록금 때문에 부모님이 허리띠를 졸라매야 하거나 빚을 지지 않아도 돼요. 우리는 그만큼 부자 나라가 아니라서 안 될까요? 그렇지 않아요. 이 나라들이 대학 교육을 무료로 실시할 무렵의 국민소득은 지금의 우리나라보다 훨씬 낮았어요. 하물며 공부하는 데 돈이 전혀 안 드는 나라들에는 국민소득 기준으로 우리보다 가난하다는 곳도 적지 않죠.

우리나라는 우리가 생각하는 것보다 훨씬 부자예요. 소득이 비슷해도 어떤 집은 외식을 많이 하고, 어떤 집은 여행을 많이 가고, 어떤 집은 가전제품을 많이 사고…… 그렇잖아요. 나라 살림도 마찬가지죠. 소득을 어디에 배분할지 결정할 때, 무엇을 중요하게 생각하는가의 문제인 거예요.

그러니 꿈과 안정 사이에서 하나를 고르는 것을 강요받는 세상이 당연하다고 생각해서는 안 돼요. 그건 옳지 못한 선택을 강요하는 것이랍니다. 우리에게는 그 두 가지를 다 누릴 권리가 있어요.

수학을 잘하는 것보다

그래도 문제는 남지요. 문제는 내가 잘 하는 게 하나도 없다는 것. 별로 하고 싶은 것도 없다는 것. 어떻게 해야 할까요?

혹시 재능이라는 것을 너무 특별한 데서 찾고 있는 건 아닌가요? 수학을 잘하고, 달리기를 잘하고, 노래를 잘하고…… 이런 것들만 재능이라고 생각하는 것은 아닌가요? 하지만 사람들과 말을 잘 트는 것도 재능이고요, 길을 잘 찾는 것도 재능입니다. 사람들을 잘 기억하는 것도 재능이고요, 듣기 좋은 말을 잘 해 주는 것도 재능이지요. 다른 사람을 도우면서 기쁨을 느낀다면 특별한 재능을 가지고 있는 것입니다. 뭐 하나 두드러지게 잘하는 것이 없어도 두루두루 무난하게 할 수 있는 능력이 있다면 그 또한 특별한 재능입니다. 내가 잘하니까 남들도 다 그럴 것이라고 오해하고 있을 뿐이에요. 그 재능을 잘 살릴만한 일을 찾아 나가면 되는 거예요.

다행히 세상이 우리를 필요로 하는 일도 수학을 잘하거나 달리기를 잘하는 것보다는 사람들과 말을 잘 트고 사람들에게 도움 주는 것을 좋아하는 재능일 때가 훨씬 더 많아요. 정말 그래요. 별로 두드러진 재능이 없어 보이는 여러분의 능력이 사실은 세상이 원하는 바로 그 능력이라는 거죠!

또 하나.

좋아하는 일을 하라는 말의 의미를 더 찬찬히 짚어 볼 필요가 있어요. 혹시 축구를 좋아하나요? 축구를 좋아한다고 축구선수로서의 길만 있나요? 축구와 관련된 일을 생각해 볼까요? 스포츠 기자, 의사, 스포츠 마사지사, 영양

닭과 아이 | 1990 | 캔버스에 유채 | 40.9 x 31.8 cm

"누구에게나 적어도 하나씩은
아주 특별한 재능이 있기 마련이죠."

사, 운동복 디자이너, 축구장 관리 요원…… 수없이 많은 일들이 있습니다. 좋아하는 일이 있다면 그 분야에서 길은 얼마든지 찾을 수 있어요. 축구를 사랑하는 영양사라면, 축구에 관심이 없는 영양사보다 더 힘을 내서 더 재미있게 일할 수 있지 않을까요? 재능과 흥미의 영역을 이렇게 넓혀 나가다 보면 찾을 수 있을 거예요, 나에게 딱 맞는 일.

그래도, 아직도 모르겠다고요? 무슨 일을 하면서 살아야 할지…… 당연한 일 아닌가요? 여러분은 이제 막 인생을 시작했고, 앞으로 어떤 멋진 일이 펼쳐질지 모르는데, 무슨 일을 하며 살아야 할지 잘 모르는 것은 이상한 일이 아니죠. 너무 빨리 답을 정하라고 다그치는 어른들이 문제이지, 답을 모르는 여러분은 완전 정상이에요.

그리고 이건 비밀인데, 그런 걸 묻는 어른들도 뭘 알아서 묻는 게 아니더라고요. 그러니 그냥 꾸준히, 답을 찾아가겠다는 그 마음 하나만 놓치지 마시기를.

 그린이

장욱진(1917~1990) • 화가 장욱진은 박수근, 이중섭, 김환기 등과 함께 우리나라의 근현대 미술을 대표하는 서양화가입니다. 1917년에 태어나 동경제국미술학교에서 서양화를 공부했고, 1954년부터 1960년까지 서울대학교 미술대학 교수로 일한 것 말고는 줄곧 한적한 시골에 화실을 마련해서 오로지 그림에만 마음을 쏟으며 살았습니다. 장욱진의 그림을 보고 있으면 마치 어린아이가 그린 듯 단순하고 소박해서 저절로 마음이 편안해집니다. 그림의 소재도 나무와 아이들, 집, 새, 가축처럼 친숙하고 정겨운 것이 많아서 어른은 물론 어린이들도 무척 좋아합니다. 특히 아이들은 자기들이 그린 그림 같아서인지 그림을 보면서 해맑은 미소를 지어 보이기도 합니다. 화가 장욱진은 그런 독특한 그림을 되도록 작은 화폭에 그렸다고 합니다. 아이들이 보고 웃으며 좋아하는 그림이라니, 어쩌면 장욱진은 아이처럼 순수한 마음을 가진 사람이었는지 모릅니다.